Suche der besten Gesundheits-REHA im KI-Gespräch

Auszeit Coaching

Jörg Becker

IMPRESSUM

Suche der besten Gesundheits-REHA im KI-Gespräch
Auszeit Coaching
Von Jörg Becker

© **2024 Jörg Becker**
Alle Rechte vorbehalten
Verlag: BoD • Books on Demand GmbH,
In de Tarpen 42, 22848 Norderstedt
Druck: Libri Plureos GmbH, Friedensallee 273,
22763 Hamburg
ISBN: 978-3-7693-0008-6

www.beckinfo.de
www.rheinmaingeschichten.de
www.derStandortbeobachter.de

Salve, lieber HOLA-Weggefährte,
Nichts ist mehr so wie es war

wenn wir einmal die allgegenwärtige KI fragen würden......

Wie schädlich sind Desinformationen als eine geschickte Mischung aus Lügen, Halbwahrheiten und selektiver Hervorhebung von tatsächlichen Geschehnissen?

Desinformationen, die aus einer geschickten Mischung aus Lügen, Halbwahrheiten und selektiver Hervorhebung von Fakten bestehen, sind besonders gefährlich, weil sie subtiler und schwerer zu entlarven sind als offensichtliche Lügen. Diese Form der Täuschung nutzt tatsächliche Ereignisse oder Fakten, um Glaubwürdigkeit zu erzeugen, und vermischt diese mit falschen oder verzerrten Informationen, um ein gewünschtes Narrativ zu verbreiten. Solche Desinformationen haben tiefgreifende Auswirkungen:

1. **Vertrauensverlust**: Sie untergraben das Vertrauen in traditionelle Informationsquellen wie Medien, Wissenschaft oder staatliche Institutionen. Dies führt zu einer allgemeinen Skepsis gegenüber verlässlichen Informationen, was die öffentliche Meinungsbildung destabilisiert.
2. **Polarisierung**: Indem Desinformationen gezielt bestimmte Gruppen oder Themen hervorheben oder verzer-

ren, verstärken sie bestehende Spaltungen in der Gesellschaft. Menschen neigen dazu, Informationen zu glauben, die ihre vorgefassten Meinungen bestätigen, was die Spaltung in „Wahrheitsblasen" und extreme Positionen verstärkt.

3. **Verwirrung und Unsicherheit**: Durch die Vermischung von Wahrheiten und Unwahrheiten wird es für die Öffentlichkeit schwieriger, verlässliche Informationen von falschen zu unterscheiden. Dies führt zu Unsicherheit und einem Gefühl der Überforderung, was Manipulation vereinfacht.

4. **Erosion demokratischer Prozesse**: In einer Demokratie ist die informierte Öffentlichkeit entscheidend. Desinformationen stören den demokratischen Diskurs, beeinflussen Wahlen und schwächen das Vertrauen in demokratische Institutionen.

5. **Förderung von Misstrauen und Angst**: Durch die selektive Betonung bedrohlicher oder polarisierender Themen schüren Desinformationen Ängste und fördern Misstrauen zwischen verschiedenen gesellschaftlichen Gruppen oder gegenüber politischen Autoritäten.

Insgesamt sind Desinformationen dieser Art nicht nur schädlich für Einzelpersonen, die falsche Entscheidungen auf der Grundlage verzerrter Informationen treffen können, sondern auch für die Gesellschaft als Ganzes, da sie das Vertrauen in die gemeinsamen Grundlagen für Diskussion und Entscheidungsfindung untergraben.

Desinformationen können erhebliche negative Auswirkungen haben, u.a.:

1. **Gefahr für die Demokratie**: Desinformationen können das Vertrauen in demokratische Institutionen und Prozesse untergraben. Sie können Wahlen beeinflussen und die öffentliche Meinung manipulieren, was zu einer verzerrten politischen Landschaft führt[12].
2. **Spaltung der Gesellschaft**: Durch die Verbreitung von falschen oder irreführenden Informationen können bestehende Konflikte und Debatten verschärft werden. Dies kann zu einer Polarisierung der Gesellschaft führen und den sozialen Zusammenhalt schwächen[23]. Wenn Menschen nicht mehr wissen, welchen Informationen sie trauen können, kann dies zu allgemeiner Verunsicherung und Misstrauen führen[3].
3. **Emotionale Manipulation**: Desinformationen zielen oft darauf ab, starke Emotionen wie Wut oder Angst zu schüren. Dies kann zu irrationalem Verhalten und Entscheidungen führen, die auf falschen Annahmen basieren[4].
4. **Wirtschaftliche Schäden**: In einigen Fällen können Desinformationen auch wirtschaftliche Schäden verursachen, indem sie beispielsweise den Ruf von Unternehmen schädigen oder falsche Informationen über Produkte und Dienstleistungen verbreiten[1].

Es ist wichtig, sich der Gefahren von Desinformationen bewusst zu sein und kritisch mit Informationen umzugehen, insbesondere in den sozialen Medien.

Kannst du Beispiele für Desinformation geben?

Antworten für Sie werden generiert…

:

Natürlich! Hier sind einige Beispiele für Desinformation:

7

1. **Politische Desinformation**: Während Wahlen werden oft falsche Informationen über Kandidaten verbreitet, um deren Ruf zu schädigen oder Wähler zu beeinflussen. Ein bekanntes Beispiel ist die Verbreitung von falschen Nachrichten über Wahlbetrug.
2. **Gesundheitsbezogene Desinformation**: Während der COVID-19-Pandemie wurden viele falsche Informationen über das Virus, Behandlungsmethoden und Impfstoffe verbreitet. Dies führte zu Verwirrung und Misstrauen gegenüber wissenschaftlichen Empfehlungen.
3. **Wirtschaftliche Desinformation**: Falsche Informationen über Unternehmen oder Produkte können deren Ruf schädigen. Ein Beispiel wäre die Verbreitung von Gerüchten über die Insolvenz eines Unternehmens, um dessen Aktienkurs zu manipulieren.
4. **Desinformation in sozialen Medien**: Plattformen wie Facebook und Twitter sind oft Schauplätze für die Verbreitung von Desinformationen. Ein Beispiel ist die Verbreitung von gefälschten Bildern oder Videos, die aus dem Kontext gerissen oder manipuliert wurden, um eine bestimmte Agenda zu fördern.
5. **Historische Desinformation**: Es gibt Versuche, historische Ereignisse zu verfälschen oder umzudeuten, um bestimmte politische oder ideologische Ziele zu erreichen. Ein Beispiel wäre die Leugnung des Holocausts.

Diese Beispiele zeigen, wie vielfältig und gefährlich Desinformation sein kann. Hast du ein bestimmtes Thema im Kopf, zu dem du mehr erfahren möchtest?
Ich möchte mehr über politische Desinformation wissen.

Antworten für Sie werden generiert...

Politische Desinformation ist ein gezieltes Mittel, um die öffentliche Meinung zu manipulieren und politische Prozesse zu beeinflussen. Hier sind einige wichtige Aspekte und Beispiele:

1. **Wahlbeeinflussung**: Vor Wahlen werden oft gezielte Desinformationskampagnen gestartet, um das Ansehen von Kandidaten zu schädigen oder Wähler zu manipulieren. Ein bekanntes Beispiel ist die russische Einmischung in die US-Präsidentschaftswahlen 2016, bei der falsche Informationen über soziale Medien verbreitet wurden[1].

2. **Propaganda**: Staaten nutzen Desinformation, um ihre politischen Ziele zu fördern und ihre Machtposition zu stärken. Ein aktuelles Beispiel ist die Verbreitung von falschen Informationen durch russische Staatsmedien im Zusammenhang mit dem Krieg in der Ukraine[2].

3. **Verschwörungstheorien**: Politische Desinformation kann auch in Form von Verschwörungstheorien auftreten, die das Vertrauen in staatliche Institutionen untergraben sollen. Ein Beispiel ist die Verbreitung von Theorien, die behaupten, dass Wahlen manipuliert oder gefälscht wurden[3].

4. **Manipulation durch soziale Medien**: Plattformen wie Facebook und Twitter sind häufige Schauplätze für die Verbreitung politischer Desinformation. Fake-Accounts und Bots werden genutzt, um falsche Informationen zu verbreiten und die öffentliche Meinung zu beeinflussen[4].

5. **Internationale Einflussnahme**: Fremde Staaten nutzen Desinformation, um ihre politischen Interessen in anderen Ländern durchzusetzen. Dies kann durch die Unterstützung bestimmter politischer Bewegungen oder durch

die Verbreitung von falschen Informationen über politische Gegner geschehen[5].

Diese Beispiele zeigen, wie vielfältig und gefährlich politische Desinformation sein kann. Es ist wichtig, kritisch mit Informationen umzugehen und Quellen sorgfältig zu prüfen.

KI Ende

Ohne ein Roboter zu sein, könnte man als Mensch vielleicht meinen:

Fiktive Dialoge - ein paar Stunden Intensivcoaching
Denkanstöße
Wissensmanagement
Storytelling
Content
Inspiration
Diskurs
DecisionSupport
Gehirntraining - wenn es gut werden soll
Verstehen lernen
Vernetzt denken
Potenziale ausschöpfen
Komplexität reduzieren
Gestaltbar machen
Wissen transferieren
Proaktiv agieren

Executive Coaching
Denkstudio für strategisches Wissensmanagement

Manchmal braucht man eine Geschichte, um einen Sachverhalt unter die Leute zu bringen, um ihre Aufmerksamkeit zu gewinnen, um Zusammenhänge plastisch zu beschreiben. Denn theoretisches Wissen ist oft nur steril, Geschichten dagegen sind ansteckend und verbreiten sich schneller. Originelle Geschichten kann erzählen, wer schon viele Geschichten kennt und Lesen kommt vor Schreiben. Denn jede Geschichte, die etwas aussagt, besteht aus Geschichten, die wir bereits kennen, und aus Abweichungen von ihnen. Und genauer betrachtet ist Routine kein Gegensatz zum Denken: Gedanken haben setzt voraus, dass wir über Routinen verfügen, die uns für das Denken entlasten. Was auf der Welt auch immer geschieht wird in journalistischen Texten vermeldet, beschrieben und kommentiert. Von Autoren, denen hoffentlich beim Schreiben bewusst war, wie vorläufig, revidierbar und irrtumsanfällig solche Reflexionen und Meldungen waren. Für gute Erzählungen braucht es dabei nicht nur Sachverstand und Intelligenz, sondern fast immer auch Geistesgegenwart.

„Desinformation ist eine geschickte Mischung aus Lügen, Halbwahrheiten und selektiver Hervorhebung von tatsächlichen Geschehnissen."
„?"
„Als Mittel zur Beeinflussung bei Auseinandersetzungen."
„?"
„Ein Kernelement ist hierbei die Auswahl, Präsentation und Priorisierung von Nachrichten."

„Die kurze Aufmerksamkeitsspanne der Informationskonsumenten und die ohnehin hohe Geschwindigkeit des Nachrichtenflusses sorgen ja schon dafür, dass die Desinformationsnachricht ihre Wirkung entfalten kann."

„Die Abwesenheit von großen politischen Visionen, die als Orientierungspunkt dienen könnten, bieten in Kombination mit der digitalen Medienwelt einen fruchtbaren Boden für Einflussnahme."

„Die Dekonstruktion aller Fixpunkte, ein Zustand, in dem sich viele Menschen von der Realität permanent überfordert fühlen?"

„Vielleicht, und in dem es keine Gewissheiten mehr gibt."

„Ein Zustand, der durch ökonomische Umwälzungen der Globalisierung, Digitalisierung und Pandemie noch befördert wird.

„?"

„Bestimmte Inhalte werden so weiterverteilt, dass sie von den Algorithmen von Twitter, Facebook und Youtube für relevant gehalten und gut sichtbar in den Feeds der Nutzer platziert werden."

„Bestehende Ängste und Überzeugungen zu bestärken, die in den Menschen bereits vorhanden sind, ist deutlich einfacher als Meinungen zu verändern."

„Das Wesen von Desinformation ist im Grunde nie die Überzeugung auf rationaler Ebene."

„?"

„Vielmehr geht es um eine Ansprache des Bauchgefühls, der Stimmung, der allgemeinen Sicht auf Dinge und des Filters, durch den wir alle Informationen wahrnehmen."

„Dabei kommt es aber auch darauf an, wie Erinnerungen verankert werden?"

„Wir erinnern uns am besten an Dinge, die mit starken Emotionen verbunden sind, seien diese positiv oder negativ."

„Und?"

„Ein zweiter wichtiger Mechanismus ist, dass wir uns die Details gut merken, die zu unserem bereits vorhandenen Wissen und unserem Weltbild passen."

„?"

„Beispielsweise ist elektrisches Licht eine reine Information. Es ist gewissermaßen ein Medium ohne Botschaft, wenn es nicht gerade dazu verwendet wird, einen Werbetext Buchstabe für Buchstabe auszustrahlen."

„Ja, Wörter sind eine Art Informationsspeicher, mit welchem man mit großer Geschwindigkeit die ganze Umwelt und Erfahrung wiedererwecken kann."

„Und diese Fähigkeit des Speichern, wie etwa in der Sprache selbst, ist auch ein Mittel zur Umwandlung von Erfahrung."

„Desinformation zu bekämpfen wäre so, als ob man Menschen fragen würde, was für Bilder und Töne sie in einer Großstadt um sich haben möchten."

„Wenn wir aber einmal unsere Sinne und unser Nervensystem der persönlichen Manipulation jener überlassen haben, die unsere Augen und Ohren pachten, um damit ihre eigenen Ziele verfolgen zu können, bleiben uns eigentlich keine Rechte mehr."

„Unsere Augen, Ohren und Nerven an Desinformanten zu verpachten, ist doch fast genauso, als würde man die menschliche Sprache einem bestimmten Personenkreis übergeben."

„Oder gleich die ganze Erdatmosphäre zu deren Monopol zulassen?"

„In Anbetracht der unendlichen Macht des Menschen, sich angesichts einer Herausforderung durch Selbsthypnose in Ahnungslosigkeit zu versetzen, kann man darauf hoffen, dass die Willenskraft, sich aus der Umklammerung von Desinformationen zu lösen ebenso wirksam ist wie Intelligenz."

„Das heißt, Menschen brauchen diesen Willen, um ausführlich informiert und damit voll bewusst zu leben?"

Salve, lieber HOLA-Weggefährte,

Nichts ist mehr so wie es war

wenn wir einmal die allgegenwärtige KI fragen würden……

Kann es sein, dass zu einem Streben nach Internet-Präsenz das Streben danach, im Dunkeln des digitalen Vergessenwerdens zu verharren diametral entgegengesetzt steht?

Ja, es scheint, dass das Streben nach Internet-Präsenz und das Verlangen, im digitalen Vergessen zu verharren, diametral entgegengesetzt sind. Diese beiden Ziele repräsentieren gegensätzliche Ansätze zur digitalen Identität und Sichtbarkeit in der modernen Gesellschaft.

1. **Streben nach Internet-Präsenz**: Viele Menschen und Unternehmen streben danach, online sichtbar zu sein, um Aufmerksamkeit, Einfluss, Erfolg oder Anerkennung zu erlangen. In sozialen Medien, Blogs oder anderen Plattformen bedeutet Präsenz oft Erfolg, sei es beruflich, sozial oder sogar persönlich. In einer Welt, die von digitaler Vernetzung geprägt ist, kann das Aufbauen und Pflegen einer Online-Präsenz entscheidend sein, um gesehen, gehört oder erinnert zu werden.
2. **Streben nach digitalem Vergessenwerden**: Auf der anderen Seite gibt es das zunehmende Bedürfnis nach digitaler Privatsphäre, Sicherheit und Anonymität. Manche Menschen wollen bewusst ihre digitalen Spuren verwischen und „unsichtbar" bleiben oder ihre Vergangenheit

aus dem Netz entfernen lassen. Das „Recht auf Vergessenwerden", wie es beispielsweise in der EU durch die Datenschutz-Grundverordnung (DSGVO) geregelt ist, zeigt, dass Menschen sich oft von der dauerhaften Verfügbarkeit ihrer Daten distanzieren möchten.

Beide Bestrebungen kollidieren, weil sie unterschiedliche Werte betonen: Sichtbarkeit und Einfluss versus Privatsphäre und Kontrolle über die eigene digitale Identität. Diese Dualität spiegelt die Spannungen wider, die viele Menschen heute im Umgang mit dem Internet empfinden.

Das Thema, das du ansprichst, ist äußerst relevant in unserer heutigen digitalen Welt. Es gibt einen klaren Gegensatz zwischen dem Streben nach Internet-Präsenz und dem Wunsch, im digitalen Vergessen zu bleiben. Lass uns das genauer betrachten.

Streben nach Internet-Präsenz

Das Streben nach Internet-Präsenz ist oft mit dem Wunsch verbunden, sichtbar zu sein, Anerkennung zu erhalten und Einfluss zu nehmen. Dies kann aus verschiedenen Gründen geschehen:

1. **Persönliche Marke**: Viele Menschen nutzen soziale Medien, um ihre persönliche Marke aufzubauen und sich als Experten in ihrem Bereich zu positionieren.
2. **Berufliche Vorteile**: Eine starke Online-Präsenz kann berufliche Türen öffnen, sei es durch Networking, Jobangebote oder Geschäftsmöglichkeiten.
3. <u>**Soziale Anerkennung**: Likes, Kommentare und Follower können das Selbstwertgefühl steigern und ein Gefühl der Zugehörigkeit vermitteln</u>[1].

Streben nach digitalem Vergessen

Auf der anderen Seite gibt es den Wunsch, im digitalen Vergessen zu bleiben. Dies kann verschiedene Gründe haben:

1. **Privatsphäre**: Viele Menschen möchten ihre Privatsphäre schützen und vermeiden, dass persönliche Informationen im Internet zugänglich sind.
2. **Sicherheitsbedenken**: Die Angst vor Identitätsdiebstahl, Cybermobbing oder anderen Online-Bedrohungen kann dazu führen, dass Menschen ihre Online-Präsenz minimieren.
3. **Psychische Gesundheit**: Der Druck, ständig präsent und aktiv zu sein, kann zu Stress und Angstzuständen führen. Einige Menschen entscheiden sich daher bewusst dafür, ihre Online-Aktivitäten zu reduzieren[2].

Der Gegensatz

Der Gegensatz zwischen diesen beiden Bestrebungen liegt in den unterschiedlichen Prioritäten und Werten, die Menschen haben. Während die eine Gruppe die Vorteile der Sichtbarkeit und Vernetzung schätzt, legt die andere Gruppe mehr Wert auf Schutz und Wohlbefinden.

Fazit

Es gibt kein richtig oder falsch in dieser Debatte. Jeder muss für sich selbst entscheiden, welche Balance zwischen Sichtbarkeit und Privatsphäre am besten zu seinem Leben passt. Wichtig ist, dass wir uns der Vor- und Nachteile beider Ansätze bewusst sind und informierte Entscheidungen treffen.

Kannst du Beispiele nennen, bei denen Menschen bewusst ihre Online-Präsenz minimieren?

Antworten für Sie werden generiert…

Ja, es gibt mehrere Beispiele von Menschen, die bewusst ihre Online-Präsenz minimieren:

1. **Berühmtheiten und Influencer**: Einige Prominente und Influencer entscheiden sich dafür, ihre sozialen Medien zu deaktivieren oder stark zu reduzieren, um ihre Privatsphäre zu schützen und sich auf ihre mentale Gesundheit zu konzentrieren. Ein bekanntes Beispiel ist die Schauspielerin Emma Stone, die keine sozialen Medien nutzt, um ihre Privatsphäre zu wahren[1].
2. **Berufstätige**: Viele Berufstätige, insbesondere in sensiblen Bereichen wie Recht, Medizin oder IT-Sicherheit, minimieren ihre Online-Präsenz, um berufliche und persönliche Informationen zu schützen. Sie vermeiden es, persönliche Details auf Plattformen wie LinkedIn oder Facebook zu teilen[2].
3. **Eltern**: Einige Eltern entscheiden sich bewusst dafür, keine Fotos oder Informationen über ihre Kinder in sozialen Medien zu teilen, um deren Privatsphäre zu schützen. Sie möchten verhindern, dass persönliche Daten ihrer Kinder ohne deren Zustimmung im Internet verfügbar sind[3].
4. **Datenschutzbewusste Personen**: Menschen, die sich intensiv mit Datenschutz und Sicherheit beschäftigen, minimieren oft ihre Online-Präsenz. Sie nutzen verschlüsselte Kommunikationsmittel und vermeiden es, persönliche Informationen auf sozialen Medien zu teilen[2].

Diese Beispiele zeigen, dass es viele verschiedene Gründe und Strategien gibt, um die eigene Online-Präsenz bewusst zu minimieren.

Ich finde das Thema spannend. Wie kann man die Balance zwischen Präsenz und Privatsphäre finden?

Antworten für Sie werden generiert...

:

Es freut mich, dass du das Thema spannend findest! Die Balance zwischen Präsenz und Privatsphäre zu finden, kann eine Herausforderung sein, aber es gibt einige Strategien, die dabei helfen können:

1. Bewusste Nutzung sozialer Medien

- **Privatsphäre-Einstellungen anpassen**: Überprüfe regelmäßig die Privatsphäre-Einstellungen deiner sozialen Medien und passe sie an, um zu kontrollieren, wer deine Beiträge sehen kann.
- **Selektives Teilen**: Teile nur Informationen, die du wirklich öffentlich machen möchtest. Überlege dir bei jedem Beitrag, ob du ihn auch in ein paar Jahren noch online sehen möchtest.

2. Digitale Hygiene

- **Regelmäßige Überprüfung**: Gehe regelmäßig durch deine Online-Profile und entferne alte oder unnötige Informationen.

- **Suchmaschinen-Check**: Suche deinen eigenen Namen in Suchmaschinen, um zu sehen, welche Informationen über dich öffentlich zugänglich sind, und ergreife Maßnahmen, um unerwünschte Inhalte zu entfernen.

3. Bewusste Kommunikation

- **Verschlüsselte Kommunikation**: Nutze verschlüsselte Kommunikationsmittel wie Signal oder ProtonMail für sensible Informationen.
- **Berufliches und Privates trennen**: Halte berufliche und private Online-Präsenzen getrennt, um deine Privatsphäre besser zu schützen.

4. Selbstfürsorge

- **Digitale Pausen**: Plane regelmäßige Pausen von sozialen Medien ein, um dich auf deine mentale Gesundheit zu konzentrieren.
- **Bewusster Konsum**: Reduziere die Zeit, die du online verbringst, und konzentriere dich auf qualitativ hochwertige Inhalte, die dir wirklich wichtig sind.

5. Informierte Entscheidungen

- **Bildung und Aufklärung**: Informiere dich über Datenschutz und Online-Sicherheit, um fundierte Entscheidungen über deine Online-Präsenz zu treffen.
- **Bewusstsein schaffen**: Sei dir der Vor- und Nachteile einer starken Online-Präsenz bewusst und entscheide, was für dich persönlich am besten ist.

Diese Strategien können dir helfen, eine Balance zu finden, die sowohl deine Bedürfnisse nach Sichtbarkeit als auch nach Privatsphäre berücksichtigt.

KI Ende

Ohne ein Roboter zu sein, könnte man als Mensch vielleicht meinen:

Fiktive Dialoge - ein paar Stunden Intensivcoaching
Denkanstöße
Wissensmanagement
Storytelling
Content
Inspiration
Diskurs
DecisionSupport
Gehirntraining - wenn es gut werden soll
Verstehen lernen
Vernetzt denken
Potenziale ausschöpfen
Komplexität reduzieren
Gestaltbar machen
Wissen transferieren
Proaktiv agieren

Executive Coaching
Denkstudio für strategisches Wissensmanagement

„Die Sprache leistet das für die Intelligenz, was das Rad für die Füße und den Körper leistet."

„?"

„Alle Informationstechniken waren und sind Ausweitungen des menschlichen Körpers und dienen dazu, Macht und Geschwindigkeit zu vergrößern."

„Auch Desinformation wäre ohne die Erfindung des Alphabetes nicht möglich."

„Ja, schon zu Urzeiten schrieb das Alphabet in Verbindung mit der Papyrusrolle buchstäblich den Tempelbürokraten und den priesterlichen Monopolen des Wissens das Todesurteil."

„Anders als die voralphabetische Schrift, die mit ihren unzähligen Zeichen so schwer zu beherrschen war, konnte das Alphabet jedenfalls in kurzer Zeit erlernt werden."

„Der Erwerb so umfassender Kenntnisse und einer so komplizierten Handfertigkeit, wie es die voralphabetische Schrift erforderte, die noch dazu auf so unhandliches Material wie Ziegel und Stein aufgetragen wurde, sicherte der Schreibkasse ein Monopol priesterlicher Macht."

„Um nichts anderes geht es auch Jahrtausende später bei der Desinformation."

„?"

„Um den Gewinn, die Sicherung von Einfluss und Macht?"

„Wenn im Begleitprogramm der digitalen Revolutionen Unternehmen, Institutionen unter anderem zu Clearingstellen persönlicher Identitäten werden heißt dies, dass Macht sich an zentralen Stellen konzentriert."

„Mächte also, die transparent, regelbar und kontrollierbar sein müssen?"

„Das Internet ist zu einem Drehkreuz von Informationen geworden."

„Ja, wer total vom Internet abhängig ist, muss zudem bizarre Verrenkungen anstellen, um den Google-Algorithmen zu gefallen."

„Das heißt, eine Gruppe anonymer kalifornischer Techniker und Mathematiker entscheidet also darüber, wer wie in der digitalen Welt sichtbar ist."

„Und damit vielleicht überhaupt erst existent ist?"

„Diametral entgegengesetzt zu einem Streben nach Internet-Präsenz steht deutlicher artikuliert das Streben danach, im Dunkeln des digitalen Vergessenwerdens zu verharren."

„?"

„Hier dreht sich alles um den Kern, von jenen geheimen Google-Algorithmen nicht erkannt oder besser überhaupt nicht erst erfasst zu werden."

„Ziel ist die Unsichtbarkeit im Netz?"

„Insofern ist die Informationsqualität des Netzes an vielen Stellen auch eher beschränkt."

„Genau, es gibt eine gewaltige Flut der Informationsverschmutzung, die das Netz mit Desinformationen zumüllt."

„Und jedermann ist darauf bedacht, aufrichtige Informationen und Meinungen zurückzuhalten, um von sich ein möglichst positives Scheinbild zu erzeugen."

„Das als Desinformation auch noch Anerkennung bei fernen Algorithmen-Technikern findet?"

„Handelnde Personen und ihre Sprecher im Reha-Verlauf?"

„Wie mit Mister Knie im Verlauf seiner Reha noch deutlich werden wird, gibt es viele Personen, die hieran beteiligt sind."

„?"

„Jede für sich ein wichtiger Baustein für den Erfolg."

„Es gibt also viel zu hinterfragen?"

„Ja, und sollten Mängel festgestellt werden, sollte diese, ja müssen diese in aller Deutlichkeit offengelegt und zur Sprache gebracht werden."

„?"

„Es könnte leicht sein, dass der Glanz mancher Hochglanz-Broschüre oder mancher TOP- Auszeichnung beim näheren Hinsehen einer konkreten Analyse vielleicht doch etwas verblassen könnte."

„Wir werden also Mister Knie und die seinen Behandlungsverlauf begleitenden Personen auf ihrem Weg über eine lange Strecke hinweg begleiten?"

„Und auch ein Standortbeobachter wird konkrete Einzelerlebnisse von Mister Knie selbst dann in seine Auswertungen einbeziehen, wenn diese nur einen relativ kleinen, aber trotzdem wichtigen, Ausschnitt in seinen umfassenderen Standortanalysen abbilden sollten."

„?"

Salve, lieber HOLA-Weggefährte,

Nichts ist mehr so wie es war

wenn wir einmal die allgegenwärtige KI fragen würden......

Wie gut sind die Auswahlverfahren der besten Reha-Klinik für meine Knie-TEP? Wer prüft die Prüfer der Reha-Klinik für meine Knie-TEP?

Die Auswahlverfahren der besten Reha-Klinik für eine Knie-Totalendoprothese (Knie-TEP) können variieren, aber es gibt mehrere Faktoren, die die Qualität dieser Auswahl beeinflussen. Hier sind einige wichtige Aspekte:

1. Qualitätssiegel und Zertifizierungen

Gute Reha-Kliniken sind oft zertifiziert, z. B. durch das **„Qualitätssiegel Geriatrie"** oder die **„Deutsche Gesellschaft für Orthopädie und Orthopädische Chirurgie (DGOOC)"**. Auch das **„EndoCert"**-Zertifikat, das speziell für Endoprothetik-Zentren vergeben wird, kann ein Hinweis auf hohe Behandlungsqualität sein. Diese Zertifikate zeigen, dass die Klinik strengen Qualitätsstandards entspricht.

2. Qualitätssicherungsprogramme

Es gibt auch Programme wie das **„QS-Reha"**, das von der gesetzlichen Krankenversicherung (GKV) gefördert wird, um die

Qualität von Reha-Maßnahmen zu messen. In solchen Programmen werden Patientenergebnisse, Zufriedenheit und Behandlungserfolge erfasst und ausgewertet.

3. Empfehlungen und Bewertungen

Ein wichtiger Faktor ist die **Patientenerfahrung**. Online-Bewertungen und Patientenberichte auf Portalen wie **„Rehakliniken.de"** oder **„Klinikbewertungen.de"** bieten Einsichten in die Patientenzufriedenheit und können Hinweise auf die Qualität der Klinik geben. Auch Empfehlungen von Ärzten, die die OP durchgeführt haben, sind wichtig.

4. Verfahren zur Auswahl der besten Reha-Kliniken

Oft arbeitet die Krankenkasse oder Rentenversicherung mit bestimmten Reha-Kliniken zusammen. Diese haben Verträge und müssen Mindeststandards erfüllen. Es gibt jedoch auch spezialisierte Kliniken, die auf Knie-TEP-Rehabilitation fokussiert sind.

Wer prüft die Prüfer?

Die Überprüfung der Kliniken und ihrer Prüfer erfolgt durch verschiedene Instanzen:

1. **Unabhängige Zertifizierungsstellen** wie z. B. TÜV, DEKRA oder EndoCert führen Audits und Kontrollen durch, um sicherzustellen, dass Kliniken ihre Qualitätskriterien erfüllen. Diese Zertifikate werden regelmäßig erneuert und überprüft.

2. **Gesetzliche Krankenkassen** und **Rentenversicherungsträger** führen eigene Qualitätsprüfungen durch, oft im Rahmen der **externen Qualitätssicherung**.
3. **Ärztliche Fachgesellschaften** wie die DGOOC oder die Deutsche Gesellschaft für Rehabilitationswissenschaften überwachen ebenfalls die Qualität der Kliniken.
4. **Patientenfeedback** und **Rehabilitationsergebnisse** spielen eine große Rolle in der Überprüfung. Daten über den Behandlungserfolg und die Zufriedenheit der Patienten werden gesammelt und ausgewertet.

Durch diese Mechanismen soll sichergestellt werden, dass die Kliniken auf einem hohen Niveau arbeiten und regelmäßigen Kontrollen unterliegen.

KI Ende

Ohne ein Roboter zu sein, könnte man als Mensch vielleicht meinen:

Fiktive Dialoge - ein paar Stunden Intensivcoaching
Denkanstöße
Wissensmanagement
Storytelling
Content
Inspiration
Diskurs
DecisionSupport
Gehirntraining - wenn es gut werden soll

Verstehen lernen
Vernetzt denken
Potenziale ausschöpfen
Komplexität reduzieren
Gestaltbar machen
Wissen transferieren
Proaktiv agieren

Executive Coaching
Denkstudio für strategisches Wissensmanagement

„Mister Knie: eine zentrale Figur im real erlebten und erzählten Reha-Geschehen:"

Patientensprecher/in, Standortbeobachter, Storyteller, Akteur BAR, Media-Agentur, TOP-Siegelverteiler, Journalist, Zertifizierer, Auditor, Aufsichtsrat, Mediziner/in, Therapeut, Geschäftsführer/in, Verwaltungsdirektor/in, Standardsetzer/in DRV, Arthrosehelfer/in, Altensportler/in, Wundheil-Manager, Blogger, Eigenverleger, Audit-Manager, Gesundheits-Manager, Reha-Experte, Qualitätsmanager, Journalistin, Consultant-Manager, Kostenträger-Manager, Wirtschaftsförderin, KV-Sachbearbeiterin, Pressesprecherin GKV, Pressesprecherin PKV, Manager Reha-Verband, Pressesprecherin Rentenversicherung

Die Geschichten der Reha werden hier und jetzt unter den Aspekten „Wer sagt meiner Knie-TEP wer die beste Reha-Klinik ist",

„Wer prüft die Prüfer der Reha-Klinik für meine Knie-TEP?" oder „Wie gut sind die Auswahlverfahren der besten Reha-Klinik für meine Knie-TEP" erzählt.

„Damit sind die Geschichten aber noch nicht am Ende angelangt."

„?"

An anderer Stelle werden die Geschichten der Reha noch unter den Aspekten „Leitlinien und Mindeststandards für die Reha meiner Knie-TEP", „Zwingende Vorgaben für die Reha-Qualität meiner Knie-TEP" oder „Was eine „beste" Reha-Klinik für meine Knie-TEP mindestens tun müsste"

und

unter den Aspekten "Ziele und Teilhabe für die Reha meiner Knie-TEP", Patienten als Subjekt, nicht als Objekt im Reha-Prozess meiner Knie-TEP" oder „Sprechende Medizin im Reha-Prozess meiner Knie-TEP"

und

unter den Aspekten „Ergebniskontrolle und Qualitätssicherung des Reha-Prozesses meiner Knie-TEP", „Zertifikate und Realität des Reha-Prozesses meiner Knie-TEP" oder „Vermessung des Reha-Erfolges meiner Knie-TEP" fortgeführt und zu Ende erzählt.

„Ist das Coronavirus als Schwarzer Schwan einzustufen? Ist ein kaputtes Knie ein Schwarzer Schwan?"
„Der Schwarze Schwan gilt nicht nur für Finanzmärkte, sondern für alle Ereignisse, die Regeln radikal verändern."
„?"

Zum Beispiel auch: Der Ausbruch des Ersten Weltkrieges, die Terroranschläge vom 11. September 2001, der Börsenkrach von 1987, die Erfindung des Internets. Es gilt die Logik fraktaler Zufälligkeit und die Nicht-Anwendbarkeit von Glockenkurven der Gauß'schen Normalverteilung, kurz gesagt: die Unfähigkeit, Schwarze Schwäne vorherzusagen.

Beispiel Truthahn, der zeit seines Lebens von den Menschen gemästet wird und bis zum 1000. Tag nur optimistisch in den nächsten Tag gehen. Der aber ist Thanksgiving. Seine Zuversicht wuchs mit der Zahl der freundlichen Fütterungen, erfühlte sich immer sicherer, obwohl seine Schlachtung immer näher rückte..

„Sein Gefühl, in Sicherheit zu sein, erreicht also gerade dann einen Höhepunkt, als das Risiko am größten war."
„So ergeht es auch ganzen Gesellschaften, die bis zum Vorabend eines Börsenkrachs, des Ausbruchs eines Krieges oder einer gefährlichen Pandemie sicher zu sein glauben, dass es auch am nächsten Tag noch ebenso gut weitergehen wird."

„Die Frage ist, ob man aus dem Unwissen über das, was morgen eintritt, Kapital schlagen kann?"

„Wobei man sich darauf einlassen muss, dass Beobachtungen aus der Vergangenheit nicht immer auf die Zukunft übertragen werden können."

„Aus der Sicht des Truthahn betrachtet ist die ausbleibende Fütterung am 1001. Tag ein Schwarzer Schwan."

„Ein Schwarzer Schwan lässt sich am besten ausschalten, wenn man für alle Möglichkeiten offen ist."

„Das heißt, je mehr man zusammenfasst und je mehr Ordnung man hineinbringt, desto niedriger wird die Zufälligkeit."

„Was dazu verführt, zu denken, dass die Welt nicht so zufällig ist wie in Wirklichkeit."

„Dann ist der Schwarze Schwan also das, was man im Rahmen einer systematischen Vereinfachung glaubt, weglassen zu können?"

„Wenn man so will, wird die Schwärze des Schwarzen Schwans jeden Tag neu vermessen?"

„Dabei muss man sich weniger Gedanken wegen der angekündigten sensationellen Risiken machen, sondern mehr um die versteckten, meist bösartigen Risiken."

„Um die Zukunft vorherzusagen, greift man eben auf die Beobachtung der Vergangenheit zurück."

„In einem Münzwurfspiel aber ist die Erinnerung nicht von Bedeutung."

„Stimmt, da hängt die Gegenwart nie von der Vergangenheit ab. Es gibt keine Erinnerung."

„?"

Wenn man eine Warteschlange vor einem Schalter beobachtet, hängt die Wartezeit eines Kunden, der sich zu einem beliebigen Zeitpunkt einreiht, wenn der Vorgang bei jedem Kunden gleichlang dauert, lediglich von der Länge der Schlange in genau diesem Augenblick ab. Man muss nichts darüber wissen, was seit der Öffnung des Schalters passiert ist, die Erinnerung beschränkt sich auf die Erfassung des gegenwärtigen Zustandes. Und dieser wird einzig und allein durch die gegenwärtige Länge der Schlange und nicht durch die Abfolge vergangener Zustände bestimmt.

„Lernmodelle basieren dagegen auf meist sehr weit zurückreichende Erinnerungen: Was aus einer weit zurückliegenden Vergangenheit stammt, hat in der Gegenwart immer noch einen großen Einfluss."

„Jedes Zeitalter ist von einer ganz bestimmten Dimension von Risiken geprägt."

„?"

„Je nachdem, welche Risiken vorherrschen, unabhängig davon, ob sie auf natürlichen Ursachen beruhten oder aus menschlichem Handeln resultierten."

„Den Anteil, den man der Natur einräumt, hat sich im Laufe der Zeit stark verändert."

„?"

„So geht man heute davon aus, dass die Menschen selbst für die Umweltschäden verantwortlichen sind."

„Im Laufe der Zeit entwickelten sich neue Vorstellungen und Haltungen."

„Man begegnete Risiken offenbar mit dem Bewusstsein, dass man zu handeln in der Lage war."

„Woraus eine auf Vorsicht basierende Gesellschaft hervorging?"

Salve, lieber HOLA-Weggefährte,
Nichts ist mehr so wie es war

wenn wir einmal die allgegenwärtige KI fragen würden......

Erzähle mir eine Geschichte über Vorsicht. Gibt es einen Unterschied zwischen Vorsicht früher, heute, morgen? Gibt es im Beruf und Leben jeweils eine andere Vorsicht?

Antworten für Sie werden generiert...
:
Natürlich, ich erzähle dir gerne eine Geschichte über Vorsicht und wie sie sich im Laufe der Zeit verändert hat.

Die Geschichte der Vorsicht

Es war einmal ein kleines Dorf, das tief in einem Wald lag. Die Dorfbewohner lebten in Harmonie mit der Natur und waren stets vorsichtig, um ihre Umgebung zu schützen. Früher bedeutete Vorsicht, dass man auf die Zeichen der Natur achtete: das Rascheln der Blätter, das Zwitschern der Vögel und die Bewegungen der Tiere. Die Menschen wussten, dass sie nur überleben konnten, wenn sie die Natur respektierten und ihre Warnungen ernst nahmen.

Mit der Zeit veränderte sich die Welt. Heute leben die Menschen in großen Städten, umgeben von Technologie und modernen Annehmlichkeiten. Vorsicht hat eine neue Bedeutung bekommen. Sie bedeutet jetzt, auf den Verkehr zu achten, sichere Passwörter zu verwenden und sich vor Cyberkriminalität zu schützen. Die Menschen müssen lernen, in einer digitalen Welt vorsichtig zu sein, in der Gefahren oft unsichtbar sind.

Und was bringt die Zukunft? Morgen könnte Vorsicht bedeuten, sich vor den Auswirkungen des Klimawandels zu schützen, neue Technologien verantwortungsvoll zu nutzen und sich auf unvorhersehbare globale Ereignisse vorzubereiten. Die Menschen müssen lernen, flexibel und anpassungsfähig zu sein, um in einer sich ständig verändernden Welt sicher zu bleiben.

Vorsicht im Beruf und im Leben

Im Berufsleben bedeutet Vorsicht oft, Risiken sorgfältig abzuwägen, bevor man Entscheidungen trifft. Ein Manager muss beispielsweise sicherstellen, dass alle Sicherheitsprotokolle eingehalten werden, um die Mitarbeiter zu schützen. Vorsicht kann auch bedeuten, ethische Entscheidungen zu treffen und langfristige Konsequenzen zu berücksichtigen.

Im Privatleben hingegen zeigt sich Vorsicht in alltäglichen Entscheidungen. Es kann bedeuten, auf die Gesundheit zu achten, finanzielle Entscheidungen sorgfältig zu planen oder Beziehungen mit Bedacht zu pflegen. Während im Beruf oft rationale

Überlegungen im Vordergrund stehen, spielt im Privatleben auch das Bauchgefühl eine wichtige Rolle.

Fazit

Vorsicht ist ein zeitloses Konzept, das sich an die Gegebenheiten der jeweiligen Epoche anpasst. Ob früher, heute oder morgen – sie bleibt ein wichtiger Bestandteil unseres Lebens, sowohl im Beruf als auch im Privatleben. Die Fähigkeit, vorsichtig zu sein, hilft uns, sicher und erfolgreich durch die Herausforderungen des Lebens zu navigieren.

Erzähle mir mehr über die Dorfbewohner im Wald.

Antworten für Sie werden generiert…

:

Gerne! Lass uns tiefer in die Geschichte der Dorfbewohner eintauchen.

Das Dorf im Wald

In einem dichten, uralten Wald lag das kleine Dorf Eichenhain. Die Dorfbewohner lebten seit Generationen in Harmonie mit der Natur. Sie kannten jeden Baum, jeden Bach und jedes Tier in ihrer Umgebung. Ihre Häuser waren aus Holz gebaut, das sie sorgfältig und nachhaltig aus dem Wald gewannen. Die Dächer waren mit Moos bedeckt, das im Sommer kühlte und im Winter wärmte.

Die Dorfbewohner

Die Menschen in Eichenhain waren freundlich und hilfsbereit. Jeder hatte seine Aufgabe, und alle arbeiteten zusammen, um das Dorf am Leben zu erhalten. Da war zum Beispiel Greta, die Heilerin. Sie kannte die heilenden Eigenschaften jeder Pflanze und bereitete Salben und Tinkturen für die Kranken. Dann gab es Hans, den Jäger, der nur so viel jagte, wie das Dorf brauchte, und immer darauf achtete, das Gleichgewicht der Natur zu bewahren.

Die Weisheit der Alten

Die Ältesten des Dorfes, wie der weise Alte Johann, erzählten Geschichten und gaben ihr Wissen an die jüngeren Generationen weiter. Sie lehrten die Kinder, die Zeichen der Natur zu lesen und respektvoll mit ihr umzugehen. Johann erzählte oft von den Zeiten, als die Menschen noch nicht so vorsichtig waren und wie sie aus ihren Fehlern gelernt hatten.

Feste und Traditionen

Die Dorfbewohner feierten viele Feste, die eng mit den Jahreszeiten verbunden waren. Im Frühling gab es das Blütenfest, bei dem sie die Rückkehr des Lebens nach dem Winter feierten. Im Herbst feierten sie das Erntefest, bei dem sie für die Gaben der Natur dankten. Diese Feste stärkten den Zusammenhalt und erinnerten die Menschen daran, wie wichtig es war, vorsichtig und respektvoll mit ihrer Umgebung umzugehen.

Herausforderungen und Wandel

Obwohl das Leben im Wald friedlich war, standen die Dorfbewohner auch vor Herausforderungen. Manchmal gab es Stürme, die Bäume entwurzelten, oder trockene Sommer, die das Wasser knapp machten. Doch durch ihre Vorsicht und ihr Wissen konnten sie diese Herausforderungen meistern. Sie wussten, dass sie nur überleben konnten, wenn sie aufeinander achteten und die Natur respektierten.

Die Zukunft von Eichenhain

Die Dorfbewohner von Eichenhain wussten, dass sich die Welt veränderte. Sie hörten von den großen Städten und den neuen Technologien. Doch sie entschieden sich, ihre Traditionen zu bewahren und weiterhin vorsichtig und im Einklang mit der Natur zu leben. Sie glaubten, dass ihre Art zu leben auch in der modernen Welt einen Platz hatte und dass ihre Weisheit und Vorsicht ihnen helfen würden, in einer sich ständig verändernden Welt zu bestehen.

Ich hoffe, dir hat die Geschichte gefallen! Gibt es etwas Spezielles, das du über die Dorfbewohner wissen möchtest?
Wie haben sich die Dorfbewohner auf den Winter vorbereitet?

Antworten für Sie werden generiert…

Die Vorbereitung auf den Winter war für die Dorfbewohner von Eichenhain eine wichtige und gemeinschaftliche Aufgabe. Hier sind einige der Schritte, die sie unternahmen:

Vorräte anlegen

1. **Ernte einlagern**: Im Herbst sammelten die Dorfbewohner die letzten Früchte und Gemüse. Sie trockneten, einlegten oder konservierten die Lebensmittel, um sie über den Winter haltbar zu machen. Besonders beliebt waren getrocknete Beeren, eingelegte Gurken und geräuchertes Fleisch.
2. **Holz sammeln**: Holz war die wichtigste Ressource für Wärme. Die Dorfbewohner sammelten und spalteten Holz, um sicherzustellen, dass sie genug Brennmaterial für die kalten Monate hatten. Sie lagerten das Holz in trockenen Schuppen, damit es nicht feucht wurde.

Häuser winterfest machen

1. **Dächer reparieren**: Vor dem ersten Schnee überprüften die Dorfbewohner ihre Dächer auf Schäden und reparierten sie, um sicherzustellen, dass kein Wasser eindringen konnte.
2. **Fenster und Türen abdichten**: Um die Wärme im Haus zu halten, wurden Fenster und Türen mit dicken Stoffen oder Fellen abgedichtet. Manchmal wurden auch zusätzliche Schichten von Moos oder Stroh verwendet, um die Isolierung zu verbessern.

Kleidung und Ausrüstung

1. **Warme Kleidung herstellen**: Die Frauen des Dorfes nähten warme Kleidung aus Wolle und Fellen. Sie strickten dicke Socken, Handschuhe und Mützen, um sich gegen die Kälte zu schützen.
2. **Werkzeuge warten**: Die Dorfbewohner überprüften und reparierten ihre Werkzeuge und Ausrüstungen, die sie im Winter benötigen würden, wie Schlitten, Schneeschaufeln und Jagdausrüstung.

Gemeinschaftliche Aktivitäten

1. **Gemeinsame Feste**: Bevor der Winter richtig begann, feierten die Dorfbewohner gemeinsam. Diese Feste stärkten den Zusammenhalt und halfen, die dunklen Wintermonate mit Freude und Gemeinschaftsgefühl zu beginnen.
2. **Hilfe untereinander**: Die Dorfbewohner halfen sich gegenseitig bei den Vorbereitungen. Ältere oder kranke Dorfbewohner wurden besonders unterstützt, damit niemand im Winter in Not geriet.

Vorräte für die Tiere

1. **Futter für die Tiere**: Die Dorfbewohner sorgten auch dafür, dass ihre Tiere gut versorgt waren. Sie sammelten Heu und andere Futtermittel, um ihre Nutztiere über den Winter zu bringen.
2. **Ställe vorbereiten**: Die Ställe wurden mit frischem Stroh ausgelegt und gut isoliert, um die Tiere warm zu halten.

Durch diese sorgfältigen Vorbereitungen konnten die Dorfbewohner von Eichenhain den Winter sicher und gut versorgt überstehen. Ihre Vorsicht und ihr Gemeinschaftsgeist halfen ihnen, auch die härtesten Winter zu meistern.

Gibt es noch etwas, das du über das Leben der Dorfbewohner wissen möchtest?

Wie haben sie sich vor Krankheiten geschützt?

Antworten für Sie werden generiert...
:
Die Dorfbewohner von Eichenhain hatten verschiedene Methoden, um sich vor Krankheiten zu schützen. Ihre Vorsicht und ihr Wissen über die Natur spielten dabei eine zentrale Rolle.

Heilpflanzen und natürliche Heilmittel

1. **Kräuterkunde**: Greta, die Heilerin, kannte die heilenden Eigenschaften vieler Pflanzen. Sie sammelte Kräuter wie Kamille, Salbei und Thymian, die sie zu Tees und Salben verarbeitete. Diese Heilmittel halfen bei Erkältungen, Wunden und anderen Beschwerden.
2. **Desinfektion**: Die Dorfbewohner wussten, dass sauberes Wasser wichtig war, um Krankheiten zu vermeiden. Sie

kochten ihr Trinkwasser ab und verwendeten antisepti-
sche Pflanzen wie Lavendel und Rosmarin zur Reini-
gung von Wunden.

Hygiene und Sauberkeit

1. **Regelmäßiges Waschen**: Die Dorfbewohner wuschen
   sich regelmäßig mit Seifen, die sie aus natürlichen Zutaten wie Asche und Fett herstellten. Dies half, die Verbreitung von Keimen zu verhindern.
2. **Saubere Umgebung**: Sie hielten ihre Häuser und Ställe
   sauber, um Schädlinge und Krankheiten fernzuhalten.
   Abfälle wurden weit vom Dorf entfernt entsorgt, um die
   Hygiene zu gewährleisten.

Gemeinschaftliche Vorsichtsmaßnahmen

1. **Isolation bei Krankheit**: Wenn jemand krank wurde,
   wurde die Person isoliert, um die Ausbreitung der
   Krankheit zu verhindern. Die Kranken wurden von Greta
   und anderen Dorfbewohnern versorgt, die spezielle
   Schutzkleidung trugen.
2. **Gemeinsame Rituale**: Die Dorfbewohner führten Rituale durch, um böse Geister und Krankheiten abzuweh-
   ren. Diese Rituale stärkten den Glauben an die Gemeinschaft und halfen, die Moral hochzuhalten.

Ernährung und Lebensweise

1. **Gesunde Ernährung**: Die Dorfbewohner achteten auf
   eine ausgewogene Ernährung mit frischem Obst, Gemüse und Fleisch. Sie glaubten, dass eine gute Ernährung das Immunsystem stärkte und Krankheiten vor-
   beugte.

2. **Körperliche Aktivität**: Das tägliche Leben in Eichenhain war körperlich anspruchsvoll. Die Dorfbewohner arbeiteten hart auf den Feldern, jagten und sammelten, was ihnen half, fit und gesund zu bleiben.

Wissen und Bildung

1. **Weitergabe von Wissen**: Die Ältesten des Dorfes, wie Johann, lehrten die jüngeren Generationen über die Bedeutung von Hygiene und Gesundheit. Dieses Wissen wurde von Generation zu Generation weitergegeben und half, die Dorfgemeinschaft gesund zu halten.

Durch diese vielfältigen Maßnahmen konnten die Dorfbewohner von Eichenhain viele Krankheiten vermeiden und ihre Gesundheit bewahren. Ihre Vorsicht und ihr Wissen über die Natur spielten dabei eine entscheidende Rolle.

Wie haben sie sich vor Seuchen geschützt?

Antworten für Sie werden generiert…
:
Die Dorfbewohner von Eichenhain hatten verschiedene Strategien, um sich vor Seuchen zu schützen. Ihre Methoden basierten auf ihrem Wissen über die Natur und ihrer engen Gemeinschaft.

Präventive Maßnahmen
1. **Hygiene**: Die Dorfbewohner legten großen Wert auf Sauberkeit. Sie wuschen sich regelmäßig mit Seifen aus natürlichen Zutaten wie Asche und Fett. Auch ihre Häuser und Ställe wurden sauber gehalten, um die Verbreitung von Krankheiten zu verhindern.

2. **Quarantäne**: Wenn jemand Anzeichen einer ansteckenden Krankheit zeigte, wurde die Person sofort isoliert. Die Kranken wurden in speziellen Hütten außerhalb des Dorfes untergebracht und von Greta, der Heilerin, versorgt. Diese Quarantänemaßnahmen halfen, die Ausbreitung der Seuche zu verhindern.

Natürliche Heilmittel

1. **Heilkräuter**: Greta nutzte eine Vielzahl von Heilkräutern, um die Dorfbewohner zu behandeln. Pflanzen wie Echinacea, Knoblauch und Holunder wurden verwendet, um das Immunsystem zu stärken und Infektionen zu bekämpfen.
2. **Rituale und Gebete**: Die Dorfbewohner führten Rituale durch und beteten zu den Naturgeistern, um Schutz vor Krankheiten zu erbitten. Diese Rituale stärkten den Glauben und die Gemeinschaft und halfen, die Moral hochzuhalten.

Gemeinschaftliche Unterstützung

1. **Gemeinsame Anstrengungen**: Die Dorfbewohner arbeiteten zusammen, um die Kranken zu versorgen und die Ausbreitung der Seuche zu verhindern. Sie teilten ihre Ressourcen und halfen einander, um sicherzustellen, dass niemand allein gelassen wurde.
2. **Bildung und Wissen**: Die Ältesten des Dorfes, wie Johann, lehrten die jüngeren Generationen über die Bedeutung von Hygiene und Gesundheit. Dieses Wissen wurde von Generation zu Generation weitergegeben und half, die Dorfgemeinschaft gesund zu halten.

Anpassung und Resilienz

1. **Anpassung an neue Herausforderungen**: Die Dorfbewohner waren flexibel und anpassungsfähig. Sie lernten

aus vergangenen Seuchen und verbesserten ihre Methoden, um besser vorbereitet zu sein.

2. **Resilienz**: Durch ihre enge Gemeinschaft und ihre Vorsicht konnten die Dorfbewohner auch schwere Zeiten überstehen. Ihre Fähigkeit, zusammenzuarbeiten und sich gegenseitig zu unterstützen, war ein wichtiger Faktor für ihre Resilienz.

Diese Maßnahmen halfen den Dorfbewohnern von Eichenhain, sich vor Seuchen zu schützen und ihre Gesundheit zu bewahren. Ihre Weisheit und ihr Gemeinschaftsgeist spielten dabei eine entscheidende Rolle.

KI Ende

Ohne ein Roboter zu sein, könnte man als Mensch vielleicht meinen:

Fiktive Dialoge - ein paar Stunden Intensivcoaching
Denkanstöße
Wissensmanagement
Storytelling
Content
Inspiration
Diskurs
DecisionSupport
Gehirntraining - wenn es gut werden soll
Verstehen lernen
Vernetzt denken
Potenziale ausschöpfen
Komplexität reduzieren

Gestaltbar machen
Wissen transferieren
Proaktiv agieren

Executive Coaching
Denkstudio für strategisches Wissensmanagement

„Vorsicht umfasst alles, was man als nicht mathematisierbares Risiko ansieht."
„Wobei es widersprüchliche, paradoxe Beispiele beispielsweise in Amerika zu besichtigen gibt-„
„?"
„Einerseits sind zig Millionen Amerikaner im Krankheitsfall ohne Versicherungsschutz, andererseits aber ist das Sicherheitsdenken bei medizinischen Risiken oder beim Verbraucherschutz geradezu maßlos."
„Risikosituationen wie ein kaputtes Knie sind an ein Möglichkeitsspektrum gebunden, das von einer Wahrscheinlichkeit bestimmt ist."
„Beim Lottospiel dagegen ist die Wahrscheinlichkeit jedes Ergebnisses bekannt."
„?"
„Der damit verbundene Gewinn oder Verlust steht fest, sobald die Gesamtsumme der Einsätze bekannt ist."
„Im Gegensatz dazu ist die Wahrscheinlichkeit von Vulkanausbrüchen unbekannt."

„Zudem ist auch niemand in der Lage, die zufälligen Verluste an Menschenleben und die materiellen Schäden zu beziffern, die ein Ausbruch mit sich bringen würde."

Mister Knie hat bei der Reha-Klinik für seine Knie-TEP die Qual der Wahl. Medizinische Reha-Einrichtungen haben häufig nicht nur einen Behandlungsschwerpunkt, sondern verfügen oft über verschiedene Fachabteilungen (z.B. Kardiologie und Orthopädie).

Es ist recht selten so, als ob über einem Standort ein Schleier von alles verhüllenden Standortfaktoren und undurchsichtigen Erfolgsgeheimnissen läge. Vielmehr ist es allzu oft ein eher lückenhaftes Netz aus unvollständigen oder in ihren dynamischen Wirkungsbeziehungen noch eher unbekannten Prozessen. D.h. oft ist das eigentliche Standortgeschehen kaum für Schlüsselpersonen vor Ort und noch weniger für Außenstehende durchschaubar: wie beispielsweise für Patienten einer Reha-Einrichtung.

Nach Angaben der Rentenversicherung dürfte es in Deutschland insgesamt ca. 1.300 Fachabteilungen, davon ca. 350 Orthopädie-Rehas geben. Wenn vom FOCUS für die Orthopädie ca. 130 TOP-Auszeichnungen vergeben und hierbei vielleicht 260 Orthopädie-Rehas an dieser Aktion teilgenommen haben, wäre demnach jede 2. Reha-Klinik in Deutschland nach FOCUS-Meinung eine TOP-Klinik.

„Allerdings haben sich nach Untersuchungen der DRV Rehabilitanden der ambulanten orthopädischen Rehabilitation häufig zufriedener als Rehabilitanden der stationären Einrichtungen geäußert."

In den Augen von Mister Knie ist dieses Ergebnis schon erstaunlich und war für ihn so nicht zu erwarten. Etwas verunsichert entschließt sich Mister Knie trotzdem für eine stationäre Reha-Klinik im Anschluss an seine OP. Und hofft, dass ihm dort bei dieser überwältigenden Zahl von TOP-Kliniken bei seiner Orthopädie-Reha nur das Beste widerfährt.

„Aber nun, wie bereits eingangs angekündigt, erst einmal ein kleiner Ausflug in die Welt des Wissens."

„?"

„Der Anteil des Wissens an der Gesamtwertschöpfung unserer Wirtschaft wird mittlerweile auf über sechzig Prozent geschätzt...2

„Alle Beteiligte unterliegen dadurch doch einem dynamischen Wandel und Anpassungsdruck?"

„Insbesondere der Umgang mit Wissen als Ressource wird für die Zukunft immer mehr zum entscheidenden Erfolgsfaktor."

„Das heißt, unsere Wettbewerbsfähigkeit wird vom bewussten und gezielten Umgang mit diesem immateriellen Rohstoff abhängen?"

„Die vorhandenen Ressourcen müssen somit auf den Erhalt und Ausbau von Wissen optimiert werden?"

Wissen manifestiert sich sowohl in internen Kommunikationsnetzwerken, als auch im Verbund mit externen Kooperationspartnern. Gegenüber dem Management klassischer Produktionsfaktoren hat das Management des Wissens seine Zukunft noch vor sich: es wird zunehmend wichtiger, auch über die Einflussfaktoren des Intellektuellen Kapitals genau Bescheid zu wissen.

Durch mehr Transparenz und nachvollziehbare Bewertung und Messung knapper Wissensressourcen können diese zielgerichteter genutzt werden. Denn es wird immer mehr darauf ankommen, dass man vor allem wissensgestützte Leistungen nutzt, denn deren Marktwert basiert zu einem immer größeren Teil auf ihrem Informationsgehalt.

„Es werden immer verschiedene Entwicklungsstufen durchlaufen."

„?"

„Von der Daten- über die Informations- bis hin zur Wissensstufe."

„?"

„Den Wert ermittelt man immer mehr dadurch, indem man auf das Verhältnis von Daten, Informationen und Wissen schaut."

„?"

„Alle, die sich „informationalisieren" können, werden besser dastehen als solche, die dies nicht können."

„?"

„Wenn sie darüber hinaus vorhandene Wissensbestände zu nutzen wissen, werden sie sogar noch stärker werden als die, die nur auf Informationen setzen."

„?"

Zwischen Informationsproduzenten und Informationskonsumenten werden neue Interaktionsformen realisiert. Es geht um die Lösung der Fragen: wie können wir mit der Dynamik des uns umgebenden Umfeldes mithalten? aus welchen individuellen und kollektiven Wissensbeständen setzt sich die Wissensbasis zusammen, auf die man zur Lösung seiner Aufgaben zugreifen kann? Besitzt man die notwendigen Fähigkeiten, um das vorhandene Wissen produktiv nutzen zu können?

„Oder ganz allgemein die Last der großen Wahlfreiheit."
„?"
„Es gibt manche Menschen, die nicht immer die große Auswahl im Supermarkt haben müssen oder wollen."
„?"
„Oft ist es ihnen lästig oder zu anstrengend, Kleidung oder Essen nicht einfach nutzen zu können, ohne immer gleich auch sämtliche globalen Implikationen mit bedenken zu müssen."
„Wenn man die Entscheidung immer den Konsumenten überlässt, bürdet man dem Einzelnen auch gleichzeitig die ganze Verantwortung auf."
„Ja, anstatt es einfach ein Plastikverbot gibt, und fertig."
„Sozialismus hin oder her: eine Freiheit aufzugeben fällt leichter, wenn man sie von vornherein gar nicht nutzen möchte."

„In unserer Wirtschaftswelt ist vieles freier geworden."
„?"

Salve, lieber HOLA-Weggefährte,
Nichts ist mehr so wie es war

wenn wir einmal die allgegenwärtige KI fragen würden......

Wieviel Optionen hat man als Mensch, sein Leben unterschiedlich zu leben?

Wie geht überhaupt der Weg zu einer Knie-TEP-Reha?

Optionen, das Leben unterschiedlich zu leben

Als Mensch hat man unzählige Möglichkeiten, sein Leben zu gestalten. Diese Optionen hängen von verschiedenen Faktoren ab, wie persönlichen Interessen, Werten, sozialen und wirtschaftlichen Bedingungen sowie kulturellen Einflüssen. Hier sind einige Aspekte, die das Leben unterschiedlich gestalten können:

1. **Berufliche Laufbahn**: Die Wahl des Berufs oder der Karriere kann das Leben stark beeinflussen. Ob man sich für eine akademische Laufbahn, handwerkliche Berufe, kreative Tätigkeiten oder unternehmerische Wege entscheidet, jede Option bietet unterschiedliche Lebensstile und Herausforderungen.
2. **Persönliche Beziehungen**: Freundschaften, Partnerschaften und familiäre Bindungen prägen das Leben

maßgeblich. Die Entscheidung, wie man diese Beziehungen pflegt und welche Prioritäten man setzt, kann das Leben in verschiedene Richtungen lenken.

3. **Lebensort**: Ob man in einer Großstadt, auf dem Land oder in einem anderen Land lebt, beeinflusst den Alltag und die Lebensqualität erheblich.
4. **Freizeitgestaltung**: Hobbys, Sport, Reisen und kulturelle Aktivitäten bieten zahlreiche Möglichkeiten, das Leben abwechslungsreich und erfüllend zu gestalten.
5. **Persönliche Entwicklung**: Bildung, Weiterbildung und persönliche Ziele tragen zur individuellen Lebensgestaltung bei. Die Bereitschaft, sich neuen Herausforderungen zu stellen und kontinuierlich zu lernen, kann das Leben bereichern[12].

Weg zu einer guten Knie-TEP-Reha

Eine erfolgreiche Rehabilitation nach einer Knie-Totalendoprothese (Knie-TEP) ist entscheidend für die Wiederherstellung der Beweglichkeit und Lebensqualität. Hier sind die wichtigsten Schritte:

1. **Frührehabilitation**: Direkt nach der Operation beginnt die Frührehabilitation im Krankenhaus. Diese Phase umfasst leichte Bewegungsübungen und Physiotherapie, um die Mobilität zu fördern und Komplikationen zu vermeiden[3].
2. **Stationäre oder ambulante Reha**: Nach der Entlassung aus dem Krankenhaus folgt eine stationäre oder ambulante Reha in einer spezialisierten Einrichtung. Diese Phase dauert in der Regel drei Wochen und umfasst intensive Physiotherapie, Ergotherapie und Schmerzmanagement[34].

3. **Physiotherapie und Übungen**: Regelmäßige Physiotherapie ist entscheidend, um die Muskulatur zu stärken und die Beweglichkeit des Kniegelenks zu verbessern. Übungen sollten auch zu Hause fortgesetzt werden[3].
4. **Schmerzkontrolle**: Schmerzmanagement ist ein wichtiger Bestandteil der Reha. Dies kann durch Medikamente, physikalische Therapien und alternative Methoden wie Akupunktur unterstützt werden[3].
5. **Ernährung und Lebensstil**: Eine gesunde Ernährung und ein aktiver Lebensstil fördern die Heilung und das allgemeine Wohlbefinden[3].
6. **Nachsorge und langfristige Betreuung**: Regelmäßige Nachsorgetermine beim Orthopäden und Physiotherapeuten sind wichtig, um den Fortschritt zu überwachen und Anpassungen im Rehaplan vorzunehmen[3].

Was sind die häufigsten Komplikationen nach einer Knie-TEP?

Antworten für Sie werden generiert…

Nach einer Knie-Totalendoprothese (Knie-TEP) können verschiedene Komplikationen auftreten. Hier sind einige der häufigsten:

1. **Infektionen**: Infektionen im Operationsgebiet sind eine ernste Komplikation, die eine Behandlung mit Antibiotika erfordert. In schweren Fällen muss die Prothese entfernt und später ersetzt werden[12].
2. **Aseptische Lockerung**: Dies tritt auf, wenn sich die Prothese ohne Infektion lockert. Dies kann durch mechanische Belastung oder Materialverschleiß verursacht werden[1].

3. **Instabilität**: Instabilität des Kniegelenks kann durch eine falsche Ausrichtung der Prothese oder durch Schwäche der umgebenden Muskulatur verursacht werden[1].
4. **Arthrofibrose**: Dies ist eine übermäßige Narbenbildung, die zu einer eingeschränkten Beweglichkeit des Kniegelenks führt. In schweren Fällen kann eine erneute Operation erforderlich sein[2].
5. **Thrombosen und Embolien**: Blutgerinnsel können sich nach der Operation bilden und zu ernsthaften Komplikationen wie Lungenembolien führen[2].
6. **Schmerzen und Schwellungen**: Diese sind häufig in den ersten Wochen nach der Operation und sollten mit der Zeit abnehmen. Anhaltende Schmerzen können jedoch auf andere Komplikationen hinweisen[2].
7. **Fehlausrichtung der Prothese**: Eine falsche Positionierung der Prothese kann zu Schmerzen und Funktionsstörungen führen[1].

Es ist wichtig, alle postoperativen Anweisungen des Arztes zu befolgen und regelmäßige Nachsorgetermine wahrzunehmen, um diese Komplikationen zu minimieren.

KI Ende

Ohne ein Roboter zu sein, könnte man als Mensch vielleicht meinen:

Fiktive Dialoge - ein paar Stunden Intensivcoaching

Denkanstöße
Wissensmanagement
Storytelling
Content
Inspiration
Diskurs
DecisionSupport
Gehirntraining - wenn es gut werden soll
Verstehen lernen
Vernetzt denken
Potenziale ausschöpfen
Komplexität reduzieren
Gestaltbar machen
Wissen transferieren
Proaktiv agieren

Executive Coaching
Denkstudio für strategisches Wissensmanagement

„Es gibt zahllose Optionen sein Leben unterschiedlich zu leben."
„Eine Entscheidung zwischen zahllosen sich bietenden Angeboten zu treffen, braucht aber nicht nur Zeit, sondern auch kognitive Ressourcen."
„Ja, man steht unter einem permanenten Entscheidungszwang."
„Und wenn man eine falsche Entscheidung trifft, muss man auch auf sich allein gestellt die Verantwortung tragen und ist immer nur allein selbst schuld."
„So beruhte damals das erfolgreiche Geschäftsmodell von Aldi nicht zuletzt darauf, dass die Auswahl eingeschränkt war und sich

die Kunden weniger Gedanken darüber machen müssen, welchen Joghurt sie nun kaufen sollen."

„Und schon lange hat sich die Ökonomik ja auch vom Leitbild des Homo Oeconomicus verabschiedet."

„?"

„Demzufolge Menschen gut informiert immer nur rational entscheiden würden."

„Und manchmal vergrößert es sogar die Freiheit von Menschen, wenn man ihnen Entscheidungen vorstrukturiert, also vorkaut."

„Ohnehin hat Einzelne zu wenig Einfluss, um die Welt wirklich zu verändern oder gar zu verbessern."

„?"

„Wenn zum Beispiel der von ihm mühsam getrennte und entsorgte Plastikmüll nach China exportiert und einfach dort ins Meer gekippt wird."

„Durch gezieltes Nichtwegwerfen kann man die Welt nicht retten. Das ist Aufgabe der Politik."

„Wie geht überhaupt der Weg zu einer Knie-TEP-Reha?", fragte Mister Knie.

„Nach der Operation zur Implantation der Knie-Prothese müssen Sie noch mehrere Tage im Akutkrankenhaus bleiben", antwortete ihm der Orthopäde Norbert Euler.

„Ungefähr wieviel Tage?"

„Im Durchschnitt dauert es meist acht bis zehn Tage nach der OP, bis Sie zur Reha in die Reha-Klinik entlassen werden."

„Doch so lange?"

„Schon, je nachdem. Das bedeutet aber nicht, dass die Mobilisation und Reha nicht schon begonnen wird."

„Sofort nach der OP?"

„Jedenfalls möglichst bald. Vielleicht werden Sie schon am ersten Tag nach der OP aufgefordert, erste Schritte zu gehen."

„Das wäre ja toll."

„Die erste Wegstrecke mit dem neuen Kniegelenk ist oft schon so weit, dass Sie bis zur Toilette gehen können."

„Was ja wohl nicht ganz unwichtig ist."

„Wissensmanagement ist für alle ein Muss, die sich in der heutigen Wissensgesellschaft behaupten und ausbauen wollen."

„Ja, in der informationsbasierten Welt finden gewaltige Umstrukturierungen statt."

„Das heißt, wenn der Wettbewerb immer weniger über Faktoren wie Kosten oder Finanzmittel gewonnen werden kann, muss nach anderen, tiefer liegenden, bisher noch ungenutzten Faktoren gesucht werden?"

„Während das Management klassischer Produktionsfaktoren schon sehr weit ausgeschöpft ist, wird das Management der Wissens-Rohstoffe seine Zukunft noch vor sich haben. Aber Achtung Zeitfaktor!"

„?"

„Wenn bei der Nutzung von Wissen gegenüber der Konkurrenz zu viel an Zeit verloren geht, kann es vielleicht schon zu spät sein."

„Das heißt, brachliegende Wissensressourcen werden nicht in entsprechende Vorteile umgesetzt?"

„Im täglichen Geschäft ist Schnelligkeit meist gleichbedeutend mit Erfolg."

„Also muss man sein eigenes Geschäftsmodell schneller als Konkurrenten durch die Wertekette hindurchbewegen?"

.

Wenn zahlreiche, eng miteinander verknüpfte, zudem auch eigendynamische Variablen in einem zu analysierenden System wirksam sind, ist ein systematisches Durchprobieren aller Einflussfaktoren oft schon aus Zeit- und Kapazitätsgründen kaum möglich. Auch ein Versuch, unter Konstanthaltung aller Größen mit Ausnahme einer einzigen, die dann gezielt verändert wird, bringt oft nicht das gewünschte Ergebnis, nämlich dem Gesamtsystem Reaktionen zum Zwecke der Identifikation von Wirkungszusammenhängen zu entlocken. Allein schon deshalb, weil es meistens nicht möglich ist, das gesamte Gefüge der Einflussfaktoren bis auf ein Element konstant zu halten.

„Man kennt normalerweise gar nicht alle wirksamen Systemelemente."

„Und von den bekannten entziehen sich wiederum einige dem direkten Zugriff."

Salve, lieber HOLA-Weggefährte,

Nichts ist mehr so wie es war

wenn wir einmal die allgegenwärtige KI fragen würden……

Kannst Du für monokausale Beziehungen wesentliche Verbindungen zwischen ganzen Variablengruppen herausarbeiten, über die eine Bewertung eines Gesamtsystems möglich ist?

Ja, monokausale Beziehungen, also solche, bei denen eine Variable direkt als Ursache für eine andere festgelegt wird, können in komplexen Systemen nützlich sein, aber oft reichen sie nicht aus, um die Gesamtdynamik vollständig zu erfassen. Um eine umfassendere Bewertung eines Gesamtsystems zu ermöglichen, können Zusammenhänge zwischen ganzen Variablengruppen betrachtet werden. Dieser Ansatz berücksichtigt, dass mehrere Variablen gleichzeitig interagieren und kollektive Wirkungen haben können. Hier einige Möglichkeiten, um solche Verbindungen herauszuarbeiten:

1. Clusterbildung von Variablen:

Durch die Analyse von Variablenclustern lassen sich Gruppen von Variablen identifizieren, die gemeinsam auftreten oder ähnliche Verhaltensmuster zeigen. Die Korrelationen innerhalb dieser Gruppen sind möglicherweise stark, sodass sie als eine Art „Supervariable" angesehen werden können. Beispiele:

- In einem ökologischen System könnten Temperatur, Niederschlag und Bodenfeuchtigkeit als ein Cluster zusammengefasst werden, das gemeinsam die Wachstumsbedingungen bestimmt.
- In einem ökonomischen System könnte eine Variablengruppe wie Einkommen, Konsum und Sparquote gemeinsam betrachtet werden, um eine Einschätzung der Kaufkraft zu geben.

2. Kausale Netzwerke und systemische Wechselwirkungen:

Monokausale Beziehungen lassen sich erweitern, indem Variablengruppen in kausalen Netzwerken angeordnet werden. Hier werden nicht nur einzelne Variablen, sondern ganze Gruppen miteinander in Verbindung gebracht. Diese Netzwerke helfen dabei, direkte und indirekte Einflüsse zu erkennen:

- In einem Unternehmen könnte eine Analyse der Produktionsfaktoren wie Kapital, Arbeit und Technologie zeigen, wie diese zusammen das Wachstum beeinflussen.
- In einem politischen System könnten Variablen wie Gesetzgebung, Wählerverhalten und ökonomische Entwicklungen in Beziehung zueinander stehen.

3. Multivariate Analyse:

Methoden wie die **Hauptkomponentenanalyse** (PCA) oder **Faktorenanalyse** können verwendet werden, um die Interaktionen zwischen mehreren Variablen zu reduzieren und deren kollektive Wirkung zu analysieren. Hierdurch lässt sich der Einfluss von Variablengruppen auf das Gesamtsystem quantitativ bestimmen:

- In der Gesundheitsforschung könnten Gruppen von Faktoren wie Ernährung, Bewegung und Stresslevel gemeinsam die Gesundheit eines Menschen beeinflussen.
- In der Klimaforschung könnte eine Gruppe von Faktoren wie CO_2-Ausstoß, Waldabholzung und Energieverbrauch zusammen die globale Erwärmung erklären.

4. Systemdynamische Modellierung:

Durch die Modellierung von Systemen unter Verwendung von Differenzialgleichungen oder Simulationsmodellen (z.B. System Dynamics) lassen sich ganze Variablengruppen einbauen und ihre Rückkopplungseffekte und gegenseitigen Einflüsse analysieren. Hier spielt der systemische Zusammenhang eine zentrale Rolle.

- Ein Modell für ein Verkehrsnetzwerk könnte Variablen wie Verkehrsfluss, Bauarbeiten und Verkehrsregelungen kombinieren, um eine Gesamteinschätzung der Verkehrssituation zu ermöglichen.
- In der Makroökonomie könnten Produktionsfaktoren, Nachfrage und Preisniveau in dynamische Wechselbeziehungen gesetzt werden.

5. Bewertung und Szenarioanalyse:

Nachdem die relevanten Variablengruppen herausgearbeitet wurden, kann eine Bewertung des Gesamtsystems durch Szenarioanalysen erfolgen. Hierbei werden verschiedene Variationen der Variablengruppen simuliert, um zu sehen, wie das Gesamtsystem darauf reagiert. Dies gibt Aufschluss über die Sensibilität des Systems und mögliche Kipppunkte.

- In der Umweltpolitik könnte eine Szenarioanalyse verschiedene Klimapolitikoptionen in Bezug auf CO_2-Emissionen und deren Auswirkungen auf die globale Temperatur untersuchen.
- Im Bereich der Finanzwirtschaft könnte eine Analyse der Zins-, Währungs- und Aktienmarktvariablen verschiedene Zukunftsszenarien für die Wirtschaft darstellen.

Zusammengefasst:

Um monokausale Beziehungen in einem größeren Zusammenhang zu bewerten und um Aussagen über das Gesamtsystem zu treffen, ist es sinnvoll, von einzelnen Variablen hin zu Variablengruppen und deren kollektiven Wechselwirkungen überzugehen. Dies kann durch Clusterbildung, kausale Netzwerke, multivariate Analysen oder dynamische Modellierungen erfolgen. Die Bewertung des Gesamtsystems erfolgt dann durch die Interpretation der Ergebnisse dieser Analysen in Bezug auf das Verhalten der Variablengruppen im Gesamtkontext.

Beschreibe die Modellierung von Systemen unter Verwendung von Differenzialgleichungen oder Simulationsmodellen

Antworten für Sie werden generiert…

Die Modellierung von Systemen unter Verwendung von Differenzialgleichungen und Simulationsmodellen ist ein zentraler Ansatz in vielen technischen und wissenschaftlichen Disziplinen. Hier sind die grundlegenden Konzepte:

Differenzialgleichungen

Differenzialgleichungen sind mathematische Gleichungen, die die Beziehung zwischen einer Funktion und ihren Ableitungen beschreiben. Sie sind besonders nützlich zur Modellierung dynamischer Systeme, bei denen sich Zustände über die Zeit ändern. Beispiele umfassen:

- **Mechanische Systeme**: Bewegungsgleichungen, die die Position, Geschwindigkeit und Beschleunigung eines Objekts beschreiben.
- **Elektrische Systeme**: Kirchhoffsche Gesetze, die Spannungen und Ströme in Schaltkreisen modellieren.
- **Biologische Systeme**: Wachstumsmodelle für Populationen oder die Ausbreitung von Krankheiten.

Die Lösung dieser Gleichungen liefert Einblicke in das Verhalten des Systems unter verschiedenen Bedingungen[1].

Simulationsmodelle

Simulationsmodelle sind computergestützte Modelle, die verwendet werden, um das Verhalten komplexer Systeme zu analysieren und vorherzusagen. Sie bieten eine flexible Möglichkeit, Systeme zu studieren, die analytisch schwer zu lösen sind. Wichtige Schritte bei der Erstellung eines Simulationsmodells umfassen:

1. **Definition des Systems**: Bestimmung der relevanten Variablen und Parameter.
2. **Modellbildung**: Erstellung eines mathematischen Modells, oft unter Verwendung von Differenzialgleichungen.
3. **Simulation**: Durchführung von Simulationsexperimenten, um das Verhalten des Systems unter verschiedenen Szenarien zu untersuchen[2].

Werkzeuge und Anwendungen

- **MATLAB/Simulink**: Ein weit verbreitetes Werkzeug zur Modellierung und Simulation dynamischer Systeme[3].
- **Anwendungen**: Von der Automobilindustrie (z.B. Crashtestsimulationen) bis hin zur Luft- und Raumfahrt (z.b. Strömungssimulationen) und der Biomedizin (z.B. Simulation von Medikamentenwirkungen).

Diese Methoden ermöglichen es, komplexe Systeme zu verstehen und zu optimieren, ohne teure und zeitaufwändige physische Experimente durchführen zu müssen.

Wie kann ich ein Simulationsmodell erstellen?

Antworten für Sie werden generiert…

Ein Simulationsmodell zu erstellen, kann in mehrere Schritte unterteilt werden. Hier ist eine allgemeine Anleitung, die dir helfen kann, ein solches Modell zu entwickeln:

1. Problemdefinition

- **Ziel festlegen**: Bestimme, was du mit der Simulation erreichen möchtest.
- **Systemgrenzen definieren**: Entscheide, welche Teile des Systems in das Modell einbezogen werden sollen.

2. Systemanalyse

- **Variablen und Parameter identifizieren**: Bestimme die relevanten Variablen (z.B. Temperatur, Druck) und Parameter (z.B. Materialeigenschaften).
- **Daten sammeln**: Sammle die notwendigen Daten, um das Modell zu parametrisieren.

3. Modellbildung

- **Mathematisches Modell erstellen**: Formuliere die Gleichungen, die das Verhalten des Systems beschreiben. Dies können Differenzialgleichungen, algebraische Gleichungen oder logische Regeln sein.
- **Modell validieren**: Überprüfe, ob das Modell das reale System korrekt abbildet, indem du es mit bekannten Daten vergleichst.

4. Implementierung

- **Software auswählen**: Wähle eine geeignete Simulationssoftware wie MATLAB/Simulink, Python (mit Bibliotheken wie SciPy oder NumPy), oder spezialisierte Tools wie AnyLogic.
- **Modell codieren**: Implementiere das mathematische Modell in der gewählten Software.

5. Simulation durchführen

- **Szenarien definieren**: Bestimme die verschiedenen Szenarien, die du simulieren möchtest.
- **Simulation ausführen**: Führe die Simulationen durch und sammle die Ergebnisse.

6. Analyse und Interpretation

- **Ergebnisse analysieren**: Untersuche die Simulationsergebnisse und vergleiche sie mit den Erwartungen oder realen Daten.
- **Schlussfolgerungen ziehen**: Ziehe Schlussfolgerungen aus den Ergebnissen und entscheide, ob das Modell angepasst werden muss.

7. Dokumentation und Präsentation

- **Modell dokumentieren**: Halte alle Annahmen, Gleichungen und Ergebnisse fest.

- **Ergebnisse präsentieren**: Bereite die Ergebnisse in einer verständlichen Form auf, z.b. durch Berichte oder Präsentationen.

Beispiel: Einfache Populationsdynamik

Angenommen, du möchtest die Populationsdynamik einer Tierart modellieren. Hier ist ein vereinfachtes Beispiel:

1. **Problemdefinition**: Vorhersage der Populationsgröße über die nächsten 10 Jahre.
2. **Systemanalyse**: Identifikation von Geburtenrate, Sterberate und initialer Populationsgröße.
3. **Modellbildung**: Verwende eine Differenzialgleichung wie

$$dPdt=rP(1-PK)dtdP=rP(1-KP)$$

, wobei (P) die Population, (r) die Wachstumsrate und (K) die Tragfähigkeit ist.

4. **Implementierung**: Implementiere das Modell in Python.
5. **Simulation durchführen**: Simuliere die Populationsgröße über 10 Jahre.
6. **Analyse und Interpretation**: Analysiere die Ergebnisse und passe das Modell bei Bedarf an.
7. **Dokumentation und Präsentation**: Dokumentiere das Modell und präsentiere die Ergebnisse.

Kannst du ein Beispiel für eine Differenzialgleichung geben?

Antworten für Sie werden generiert…

:

Natürlich! Hier ist ein einfaches Beispiel für eine gewöhnliche Differentialgleichung erster Ordnung:

dydx=kydxdy=ky

Erklärung

- (y) ist die gesuchte Funktion.
- (x) ist die unabhängige Variable.
- (k) ist eine Konstante.

Diese Gleichung beschreibt das **exponentielle Wachstum** oder den **exponentiellen Zerfall** einer Größe (y). Ein typisches Beispiel ist das Wachstum einer Population oder der Zerfall einer radioaktiven Substanz.

Lösung

Um diese Differentialgleichung zu lösen, können wir die Variablen trennen und integrieren:

1. **Variablen trennen**:

   1y dy=k dxy1 dy=kdx

2. **Integrieren**:

   $\int$1y dy=$\int$k dx$\int$y1 dy=$\int$kdx

   Dies ergibt:

   ln⌈fo⌉|y|=kx+Cln|y|=kx+C

   wobei (C) die Integrationskonstante ist.

66

3. **Nach (y) auflösen:**

$$y=ekx+C=eC \cdot ekxy=ekx+C=eC \cdot ekx$$

Da (e^C) ebenfalls eine Konstante ist, können wir schreiben:

$$y=A \cdot ekxy=A \cdot ekx$$

wobei (A = e^C) eine neue Konstante ist.

Interpretation

Die Lösung ($y = A \cdot e^{kx}$) zeigt, dass die Funktion (y) exponentiell mit der Rate (k) wächst oder zerfällt, abhängig vom Vorzeichen von (k).

KI Ende

Ohne ein Roboter zu sein, könnte man als Mensch vielleicht meinen:

Fiktive Dialoge - ein paar Stunden Intensivcoaching
Denkanstöße
Wissensmanagement
Storytelling
Content
Inspiration
Diskurs
DecisionSupport

Gehirntraining - wenn es gut werden soll
Verstehen lernen
Vernetzt denken
Potenziale ausschöpfen
Komplexität reduzieren
Gestaltbar machen
Wissen transferieren
Proaktiv agieren

Executive Coaching
Denkstudio für strategisches Wissensmanagement

„Ein an der sichtbaren Oberfläche ruhiges System lässt keineswegs immer den Schluss zu, dass sich im Innern ebenfalls nichts verändert?".

„Im weiten Feld entscheidungsbezogener Probleme wäre es aussichtsreicher, möglichst breitgefächert an eine Analyse heranzugehen."

„?"

„Und ein nach den jeweiligen Schwerpunktkriterien ausgewähltes Bündel von Einflussfaktoren gleichzeitig zu manipulieren."

„Um dabei Antworten auch auf mehrdimensionale Eingriffsmuster zu beziehen?"

„Ja, monokausale Beziehungen sind in dynamischen Wirkungsnetzen ohnehin eher die Ausnahme."

„?"

„Auch können auf diesem Weg wesentliche Verbindungen zwischen ganzen Variablengruppen herausgearbeitet werden, über die eine Bewertung des Gesamtsystems möglich ist."

„Diese Methode könnte ja auch im Falle einer Reha-Auswahl gezielt verfolgt werden?"

„Mister Knie würde dadurch vielleicht ein Gefühl der Handlungsmacht erreichen, das zur Aufrechterhaltung aktiven Agierens notwendig ist."

„Ansonsten besteht auch die Gefahr, dass man sich ausgerechnet bei komplexen Veränderungen zu sehr auf Einzelpositionen bezieht."

„Richtig, der ohnehin meistens nicht sehr ausgeprägte Blick auf das Zusammenwirken aller Einflussfaktoren würde sich noch weiter verengen."

„Und gerade in einem Krisenmodus wie nach einer Knie-OP wäre eine Konzentration auf letztlich winzige und unbedeutende Nebenschauplätze des Geschehens unangemessen."

„Richtig, und auch anderen an Verfahren der Reha-Auswahl Interessierten nicht nachvollziehbar zu vermitteln."

„?"

„Ein Standort ist ein sich ständig änderndes und entwickelndes System", sagte Standortbeobachter Torsten Schröder.

„Aber er ist auch immer abhängig von sich wandelnden ökonomischen und gesellschaftlichen Systemen, in die er eingebettet ist", ergänzte Selfpublisher Michael Hellbach.

„Wenn man die zahllosen Wirkungsbeziehungen verstehen will, braucht man selbst ein wandlungsfähiges Gedankengebäude."

„Das sich zeitnah neuen Situationen anpassen kann?"

„Genau"

„Und auch ein realitätsnahes Abbild von den dort angesiedelten Gesundheitseinrichtungen liefert?"

„Ja, und zwar besonders von allem, was ein so komplexes Gewebe aus wechselseitigen Wirkungsbeziehen ausmacht."

„Auch dann, wenn lineare Zusammenhänge von Ursache und Wirkungen nicht immer klar und eindeutig zu identifizieren sind?"

„Ja, natürlich, gerade dann."

„Könnte es sich denn lohnen, im großen Zusammenhang einer Standortanalyse auch einmal nicht nur auf die Gesundheits-versorgung mit Krankenhäusern oder Ärzten, sondern dazu weiterführend auf die Qualitätsstandards von Reha-Kliniken zu schauen?"

„Warum nicht. Es kann doch nie schaden, sich einzelne Standortfaktoren herauszusuchen und sich diese genauer anzuschauen."

„Aber welche Auswirkung kann dies auf eine Standortanalyse haben?"

„Je nachdem, das hängt jeweils vom individuellen Einzelfall ab."

„Das heißt, welche Priorität und welches Gewicht man der Vermessung von Reha-Kliniken jeweils zuordnet."

„Was wahrscheinlich auch dadurch bestimmt wird, welche Verfahren und Methoden der Bewertung von Reha-Kliniken beherrscht und zielführend angewendet werden können."

„Besonders viele potenzielle Rehabilitanden dürften hieran wohl ein Interesse haben."

„Mit Sicherheit."

„Im Falle von undurchsichtigen Zusammenhängen muss man oft von den unterschiedlichsten Erfahrungshorizonten der Akteure ausgehen."

„Besonders wenn sie sich in hierarchischen Positionen befinden, in denen sie, zumindest bis zu einem gewissen Grad, Dinge nach ihren eigenen Vorstellungen gestalten können."

„Es herrscht zwar an der Oberfläche betriebsame Hektik, doch wirksam gehandelt wird in undurchsichtigen Situationen eher weniger."

„?"

„Hinter dem Schleier von Aktionismus verbirgt sich oft akuter Handlungsmangel."

„?"

„Der Charakter mancher Entscheidungen entspricht einer Fahrweise, die ständig zwischen Vollgas und Totalbremsung wechselt."

„Mit einem Satz: man braucht eine transparente und nachvollziehbare Kommunikationsplattform, mit der auch oder gerade in Situationen hoher Unsicherheit und Komplexität sinnvolle Richtlinien für verantwortungsbewusstes Handeln festgemacht werden können?"

„Gerade in schwierigen Situationen, wenn für das eigene Vorgehen keine klaren Vorgaben abrufbar sind, sollte man eine gezielte Analyse des Zusammenwirkens von Werthaltungen und Handlungsabsichten methodisch und thematisch mit hierfür geeigneten Informationen unterstützen können."

„?"

„Es geht um flexible Reaktionsoptionen und differenzierte Abstufungen von Meinungsunterschieden. Reichen hierfür die im konkreten Anwendungsfall isolierten Einflussfaktoren und deren Merkmale nicht aus, so sollten diese zu möglichst einheitlichen Bündeln strukturiert werden."

„Das heißt, aus der Gleichzeitigkeit des Vorhandenseins bestimmter Einflussfaktoren kann auf deren Reaktions- und Verhaltensmuster geschlossen werden?"

„Dabei ist Wissen der einzige Rohstoff, der sich durch Gebrauch noch vermehren lässt. Wissen ermöglicht durch Transfer Multiplikatoreffekte und muss geschützt und gesichert werden. Wissen muss identifiziert und bewertet werden."

„Was nicht gespeichert ist, hat nicht stattgefunden, ist demnach auch kein Wissen?"

„Wissen, das im Internet frei verfügbar gemacht wurde, hat damit seinen Wert verloren."

„Information ist also nicht gleich Wissen?"

.

Salve, lieber HOLA-Weggefährte,

Nichts ist mehr so wie es war

wenn wir einmal die allgegenwärtige KI fragen würden......

Welche Strukturmerkmale einer Reha-Klinik könnte man in einer Standortanalyse erfassen? Welche Methoden und Instrumente kommen in einer Standortanalyse zur Anwendung?

Bei einer Standortanalyse einer Reha-Klinik können verschiedene **Strukturmerkmale** erfasst werden, um die Eignung eines Standorts zu bewerten. Diese Merkmale umfassen:

1. Lage und Erreichbarkeit

- **Geographische Lage**: Nähe zu Ballungszentren, Erholungsgebieten oder Städten.
- **Erreichbarkeit**: Anbindung an Straßen-, Bahn- und Luftverkehr; Parkmöglichkeiten.
- **Entfernung zu Zuweisern**: Nähe zu Arztpraxen, Krankenhäusern oder Zuweisern von Reha-Patienten.

2. Wettbewerb und Marktumfeld

- **Konkurrenzanalyse**: Anzahl und Qualität der benachbarten Reha-Kliniken und Gesundheitsdienstleister.

- **Zielgruppenanalyse**: Altersstruktur, Erkrankungsschwerpunkte, demographische Entwicklung im Einzugsgebiet.

3. Infrastruktur

- **Bauflächen und Gebäude**: Verfügbare Grundstücksgrößen, Bauvorschriften, bestehende Gebäudestruktur (z.B. Eignung für Umbauten).
- **Technische Ausstattung**: Verfügbarkeit von Strom, Wasser, Telekommunikation, medizintechnischer Infrastruktur.

4. Mitarbeiterpotenzial

- **Arbeitsmarktanalyse**: Verfügbarkeit von qualifiziertem Fachpersonal in der Region (Ärzte, Pflegekräfte, Therapeuten).
- **Attraktivität für Arbeitnehmer**: Wohnqualität, Freizeitangebote, Gehaltsniveau und Lebenshaltungskosten.

5. Patientenpotenzial

- **Einzugsgebiet**: Größe des potenziellen Patientenkreises.
- **Sozioökonomische Merkmale**: Gesundheitszustand, Alter, Einkommen, Versicherungsstatus der Bevölkerung.

6. Kostenstruktur

- **Immobilienpreise**: Grundstücks- und Mietpreise.
- **Baukosten**: Kosten für Neubauten oder Umbauten.

- **Betriebskosten**: Laufende Kosten wie Energieversorgung, Gehälter, Logistik.

Methoden und Instrumente der Standortanalyse

1. **SWOT-Analyse**
   - Bewertung von Stärken, Schwächen, Chancen und Risiken des Standorts (z.b. Erreichbarkeit, Wettbewerbsumfeld).
2. **Portfolioanalyse**
   - Klassifizierung des Standorts im Vergleich zu anderen Standorten, um z.b. Investitionsentscheidungen zu treffen.
3. **Geographische Informationssysteme (GIS)**
   - Räumliche Datenanalyse zur Bewertung der Erreichbarkeit, demographischer Daten und Marktpotenziale.
4. **Wettbewerbsanalyse**
   - Analyse der direkten Konkurrenz (Anzahl, Ausrichtung und Spezialisierung anderer Reha-Kliniken in der Umgebung).
5. **Kosten-Nutzen-Analyse**
   - Monetäre Bewertung von Standortfaktoren und Abwägung von Investitions- und Betriebskosten gegenüber potenziellen Erträgen.
6. **Marktforschung**
   - Befragungen von Ärzten, Patienten und Zuweisern, um Bedürfnisse und Erwartungen an eine Reha-Klinik am betreffenden Standort zu ermitteln.

7. **Machbarkeitsstudien**
   - o Umfassende technische, wirtschaftliche und rechtliche Überprüfung der Realisierbarkeit eines Standorts.
8. **Statistische Analysen**
   - o Nutzung von Gesundheits- und Bevölkerungsstatistiken zur Prognose der Nachfrage nach Reha-Dienstleistungen in der Region.

Eine erfolgreiche Standortanalyse berücksichtigt die Kombination mehrerer dieser Methoden, um ein umfassendes Bild der Standortpotenziale und Risiken zu erhalten.

Welche Gesundheits- und Bevölkerungsstatistiken können zur Prognose der Nachfrage nach Reha-Dienstleistungen in der Region eingesetzt werden?

Antworten für Sie werden generiert...

:
Zur Prognose der Nachfrage nach Reha-Dienstleistungen in einer Region können verschiedene Gesundheits- und Bevölkerungsstatistiken herangezogen werden. Hier sind einige wichtige Datenquellen und Indikatoren:

1. **Bevölkerungsvorausberechnungen**: Diese Daten geben Aufschluss über die zukünftige demografische Entwicklung, einschließlich der Altersstruktur der Bevölkerung. Besonders relevant sind hier die Prognosen zur Alterung der Bevölkerung, da ältere Menschen häufiger Reha-Dienstleistungen in Anspruch nehmen[1].

2. **Gesundheitszustand der Bevölkerung**: Statistiken zu häufigen Erkrankungen und deren Verteilung in der Bevölkerung sind entscheidend. Beispielsweise sind Daten zu Herz-Kreislauf-Erkrankungen, Diabetes und orthopädischen Problemen relevant, da diese oft Rehabilitationsmaßnahmen erfordern[2].

3. **Krankenhausstatistiken**: Informationen über Krankenhausaufenthalte, Diagnosen und Behandlungsfälle können Hinweise auf den Bedarf an Reha-Dienstleistungen geben. Besonders wichtig sind hier die Daten zu den häufigsten Ursachen für Krankenhausaufenthalte[2].

4. **Pflegestatistiken**: Daten zur Anzahl der Pflegebedürftigen und zur Verfügbarkeit von Pflegekräften sind ebenfalls relevant. Diese Statistiken helfen, den Bedarf an Reha-Dienstleistungen abzuschätzen, insbesondere in Bezug auf die Versorgung von älteren und chronisch kranken Menschen[1].

5. **Todesursachenstatistik**: Diese Daten können Trends in der Gesundheit der Bevölkerung aufzeigen und helfen, zukünftige Bedürfnisse im Gesundheitswesen zu prognostizieren[2].

6. **Mikrozensus**: Der Mikrozensus liefert umfassende Daten zur sozialen und gesundheitlichen Lage der Bevölkerung und kann zur Analyse von Trends und zur Planung von Gesundheitsdienstleistungen genutzt werden[2].

Diese Statistiken bieten eine solide Grundlage für die Planung und Prognose der Nachfrage nach Reha-Dienstleistungen in einer Region.

Können Sie mir Beispiele für Reha-Dienstleistungen geben?

Antworten für Sie werden generiert...

:
Natürlich! Hier sind einige Beispiele für Reha-Dienstleistungen:

1. **Physiotherapie**: Behandlungen zur Verbesserung der Beweglichkeit, Kraft und Funktionalität, oft nach Verletzungen oder Operationen.
2. **Ergotherapie**: Unterstützung bei der Wiedererlangung von Alltagsfähigkeiten, z.B. nach einem Schlaganfall oder bei chronischen Erkrankungen.
3. **Logopädie**: Therapie zur Verbesserung von Sprach-, Sprech- und Schluckstörungen.
4. **Kardiologische Rehabilitation**: Programme zur Wiederherstellung der Herzgesundheit nach Herzinfarkten oder Herzoperationen.
5. **Orthopädische Rehabilitation**: Behandlungen zur Wiederherstellung der Funktionalität nach orthopädischen Eingriffen oder bei chronischen Gelenkerkrankungen.
6. **Neurologische Rehabilitation**: Spezialisierte Therapien für Patienten mit neurologischen Erkrankungen wie Multiple Sklerose, Parkinson oder nach einem Schädel-Hirn-Trauma.
7. **Psychosoziale Rehabilitation**: Unterstützung bei der Bewältigung psychischer Erkrankungen und der Wiedereingliederung in den Alltag und das Berufsleben.
8. **Onkologische Rehabilitation**: Programme zur Unterstützung von Krebspatienten bei der Bewältigung der physischen und psychischen Folgen der Krankheit und der Behandlung.

Diese Dienstleistungen sind darauf ausgerichtet, die Lebensqualität der Patienten zu verbessern und ihnen zu helfen, ihre Unabhängigkeit und Funktionalität wiederzuerlangen.

KI Ende

Ohne ein Roboter zu sein, könnte man als Mensch vielleicht meinen:

Fiktive Dialoge - ein paar Stunden Intensivcoaching
Denkanstöße
Wissensmanagement
Storytelling
Content
Inspiration
Diskurs
DecisionSupport
Gehirntraining - wenn es gut werden soll
Verstehen lernen
Vernetzt denken
Potenziale ausschöpfen
Komplexität reduzieren
Gestaltbar machen
Wissen transferieren
Proaktiv agieren

Executive Coaching
Denkstudio für strategisches Wissensmanagement

„Mit Indikatoren für die Strukturqualität kann man Rahmenbedingungen für die Gesundheitsleistungsproduktion beschreiben", sagte Standortbeobachter Torsten Schröder.

„Welche Strukturmerkmale einer Reha-Klinik könnte man Ihrer Ansicht nach auch in einer Standortanalyse erfassen?", erfragte hierzu Consultant-Manager Robert Brent.

„Nun, alle räumlichen, personellen, technischen und finanziellen Merkmale."

„Das heißt solche Merkmale, die Einfluss auf die Ergebnis-qualität haben oder Prozesse ermöglichen?"

„Genau. Darüber hinaus würde ich als erfolgsrelevante Merkmale auch die Einrichtungsgröße, das Umfeld der Einrichtung und das Vorhandensein eines Qualitätsmanagements ansehen."

„Und auf welche Prozessmerkmale sollte man achten?"

„Zu den Prozessmerkmalen zählen die Arbeitsorganisation und der Behandlungsablauf in der Reha-Einrichtung."

„Auch die Kommunikation und Kooperation der Mitarbeiter untereinander?"

„Natürlich auch das. Im Einzelnen wären hier folgende Bereiche der rehabilitationsbezogenen Prozesse wichtig: Zuweisung, Behandlungskonzept, Anamnese, Diagnostik, Therapie inklusive Therapiezielfestlegung, sozialmedizinische Stellungnahme und Nachsorge."

„Gibt es denn sonst noch irgendwelche konzeptionellen Merkmale von Bedeutung?"

„Ich glaube schon, im weitesten Sinn nämlich das Wertesystem einer Reha-Klinik."

„Was hat man darunter konkret zu verstehen?"

„Hierunter werden Leitbilder, Regeln und sonstige Grundsätze zusammengefasst."

„Das heißt, damit könnten auch einrichtungsbezogene Merkmale wie Organisationsstruktur, Klinikphilosophie und Qualitätssicherung abgebildet werden?"

„Ja, und zwar auch einschließlich solcher Merkmale wie Führung und Verantwortung, interne und externe Vernetzung, Kooperation und interdisziplinäre Zusammenarbeit sowie Arzt-Patient-Kommunikation."

„Wissen und Unwissen sind manchmal schwer zu unterscheiden."

„?"

„Wenn man weiß, dass man nicht alles wissen kann, muss man den Rohstoff „Wissen" besonders intensiv pflegen, denn es ist ein Rohstoff, den man wie gesagt durch Gebrauch vermehren kann."

„Ein amerikanischer Politiker unterschied einmal drei Arten von Fakten: Es gibt erstens, „Known Knowns, also Dinge, von denen wir wissen, dass wir etwas über sie wissen."

„Und?"

„Zweitens sind da die „Known Unknowns", also Dinge, von denen wir wissen, dass wir nichts über sie wissen."

„Und drittens sind da ja auch noch die „Unknown Unknowns",

„?"

„Also Dinge, von denen wir nicht wissen, dass wir nichts über sie wissen."

„?"

Beispiel aus der Schule: nach Klassenarbeiten sind oft immer ein oder zwei dabei, die sich über ihre vielen Fehler ärgern. Und genau diese Verdrossenen erhalten dann die besten Noten. Gerade die Besten sind am häufigsten jene, die sich selbst am meisten unterschätzen. Oder anderes herum: wer keine Ahnung hat, der merkt es einfach nicht. Schon der alte Grieche Sokrates sollte gesagt haben: „Ich weiß, dass ich nichts weiß".

„Was muss ich denn über den Ablauf meiner Reha wissen?", fragte Mister Knie.

„Erste Physiotherapie-Übungen erfolgen unter Anleitung der Krankengymnasten ab dem Zeitpunkt der Entfernung der Wunddrainage.", erklärte ihm der Orthopäde Norbert Euler.

„Das heißt, je nach Heilungsverlauf?"

„Klar, oft schon innerhalb der ersten drei Tage."

„Also frühestmöglich?"

„Sicher, je früher die Mobilisation beginnt, umso besser lassen sich Muskeln aufbauen."

„Aber nicht nur?"

„Und die Beweglichkeit wiedererlangen."

„Braucht man dafür auch bestimmte Hilfsmittel?"

„Ja, beispielsweise sind Krücken am Anfang noch unverzichtbar."

„Wobei ich mir wünsche, die möglichst schnell wieder in die Ecke stellen zu können."

„Nicht nur Sie, das wollen mit Sicherheit auch alle anderen mit einer Knie-TEP."

Salve, lieber HOLA-Weggefährte,
Nichts ist mehr so wie es war

wenn wir einmal die allgegenwärtige KI fragen würden......

Erzähle mir einige Geschichten über gute und schlechte Erfahrungen in der Reha.

Rehabilitation kann ein tiefgreifender Prozess sein, der sowohl positive als auch herausfordernde Erfahrungen mit sich bringt. Hier sind einige Geschichten über Menschen, die unterschiedliche Reha-Erfahrungen gemacht haben:

Gute Erfahrung: Anna und der Weg zur vollständigen Genesung

Anna hatte sich bei einem Fahrradunfall das Bein gebrochen und musste nach einer komplizierten Operation eine Reha machen. Am Anfang war sie skeptisch, ob die Reha wirklich helfen würde, weil sie starke Schmerzen hatte und sich kaum bewegen konnte. Ihre Physiotherapeutin erstellte jedoch ein individuelles Programm, das langsam begann und stetig schwieriger wurde.

Die Therapeuten in der Reha-Einrichtung waren motivierend und unterstützten Anna bei jedem Schritt. Sie machten die Übungen nicht nur effizient, sondern auch abwechslungsreich, was die Monotonie durchbrach. Nach nur wenigen Wochen bemerkte Anna, dass ihre Schmerzen nachließen und ihre Beweglichkeit stark zunahm. Durch die ständige Ermutigung und Anleitung konnte sie schließlich wieder Fahrrad fahren – etwas, das sie anfangs für unmöglich hielt.

Für Anna war die Reha nicht nur eine körperliche, sondern auch eine emotionale Heilung. Die persönliche Betreuung, das Gefühl des Fortschritts und die Unterstützung durch die anderen Patienten machten die Erfahrung unvergesslich und positiv.

Schlechte Erfahrung: Marias frustrierender Reha-Verlauf

Maria erlitt nach einem Schlaganfall eine halbseitige Lähmung und wurde in eine Reha-Einrichtung überwiesen, um ihre Beweglichkeit wiederzuerlangen. Leider waren ihre ersten Tage in der Reha von Frustration geprägt. Die Therapeuten waren überarbeitet und es schien, als ob jeder Patient nur wenig persönliche Betreuung erhielt.

Die Übungen fühlten sich mechanisch und unpersönlich an, und Maria hatte das Gefühl, dass auf ihre spezifischen Bedürfnisse kaum eingegangen wurde. Zudem war die Kommunikation mit den Ärzten schwierig, da sie selten verfügbar waren, um ihre Fortschritte zu besprechen oder ihr neue Ziele zu setzen. Maria verlor allmählich die Motivation, weiterzumachen, und ihre Genesung stagnierte.

Nach einem Monat ohne nennenswerte Fortschritte entschied sie sich, die Einrichtung zu wechseln. In der neuen Reha war die Atmosphäre freundlicher, die Therapeuten nahmen sich Zeit für sie und passten die Übungen besser an ihre Bedürfnisse an. Langsam begann Maria, wieder Fortschritte zu machen, was zeigte, wie entscheidend die Qualität der Betreuung in der Reha sein kann.

Gute Erfahrung: Paul und die Gemeinschaft der Reha

Paul war nach einer Knieoperation in die Reha gekommen und fühlte sich anfangs isoliert und unsicher. Doch was er nicht erwartet hatte, war die Gemeinschaft, die sich in der Reha bildete. Er traf andere Patienten, die ebenfalls durch Verletzungen oder Operationen in der Reha waren, und bald entwickelten sie eine Art „Reha-Familie".

Sie machten die Übungen zusammen, unterstützten sich gegenseitig und tauschten Tipps und Ermutigungen aus. Die Physiotherapeuten erkannten, wie wichtig diese soziale Komponente war, und förderten die Gruppenarbeit, was zu einer angenehmen und motivierenden Atmosphäre führte. Paul stellte fest, dass er durch die Unterstützung der Gruppe nicht nur schneller genas, sondern auch emotional gestärkt wurde. Die Gemeinschaft half ihm, die harten Tage durchzustehen, und er verließ die Reha nicht nur körperlich stärker, sondern auch mit neuen Freunden.

Schlechte Erfahrung: Lucas' stagnierende Genesung

Lucas, ein passionierter Läufer, hatte sich bei einem Marathon eine schwere Knöchelverletzung zugezogen. Nachdem die Schwellung zurückgegangen war, wurde ihm eine Reha verschrieben. Allerdings fühlte er sich von Anfang an in der Einrichtung fehl am Platz. Die Therapeuten schienen auf ältere Patienten spezialisiert zu sein, und die Übungen waren für Lucas viel zu leicht und wenig herausfordernd.

Obwohl er den Ärzten wiederholt sagte, dass er härter arbeiten wolle, blieb das Programm für ihn zu einfach und brachte kaum Fortschritte. Nach mehreren Wochen ohne spürbare Verbesserung und immer größerer Frustration suchte Lucas schließlich nach einem spezialisierten Sporttherapiezentrum, wo er ein maßgeschneidertes Programm erhielt, das ihn endlich wieder auf die Beine brachte.

Diese Geschichten zeigen, wie vielfältig die Erfahrungen in der Reha sein können. Während eine gute Betreuung, individuelle Anpassungen und eine unterstützende Umgebung entscheidend für den Erfolg sind, können unzureichende Betreuung und fehlende Kommunikation den Heilungsprozess stark beeinträchtigen.

KI Ende

Ohne ein Roboter zu sein, könnte man als Mensch vielleicht meinen:

Fiktive Dialoge - ein paar Stunden Intensivcoaching
Denkanstöße
Wissensmanagement
Storytelling
Content
Inspiration
Diskurs
DecisionSupport
Gehirntraining - wenn es gut werden soll

Verstehen lernen
Vernetzt denken
Potenziale ausschöpfen
Komplexität reduzieren
Gestaltbar machen
Wissen transferieren
Proaktiv agieren

Executive Coaching
Denkstudio für strategisches Wissensmanagement

„Es gibt zahlreiche Beispiele, die aufzeigen, wie fertig entwickelte Dinge in irgendwelchen Schubladen still vor sich hinschlummern."

„?"

„Solange bis jemand kommt, sich in das gemachte Bett legt und bisher nicht ausgeschöpfte Potenziale für sich zu nutzen versteht."

„?"

„So oder ähnlich mag es einem auch hier ergehen."

„?"

„Auch hier mag man sich zunächst fragen, warum eine weit fortgeschrittene betriebswirtschaftliche Auseinandersetzung mit Intellektuellem Kapital als Erfolgsfaktor für die Praxis des Alltags häufig als zu akademisch und nur für eine kleine Minderheit als interessant angesehen wird."

„Wie wird Wissen denn überhaupt definiert?"

Wissen umfasst die Gesamtheit der Kenntnisse und Fähigkeiten, die zur Lösung von Problemen eingesetzt werden. Hierunter fallen sowohl theoretische Erkenntnisse als auch praktische Alltagsregeln und Handlungsanweisungen.

„Beispielsweise für die erfolgreiche Suche nach einer geeigneten Rehaeinrichtung für die Anschluss-Heilbehandlung nach einer Knie-TEP?"

„Wissen stützt sich auf Daten und Informationen, ist aber zum größten Teil an Personen gebunden."

„?"

Je wissensintensiver das Umfeld und je ausgeprägter die eigene Wissens-basis ist, umso eher können spezifische Merkmale des Intellektuellen Kapitals eine strategische Eigendynamik entwickeln. D.h. vorhandenes (richtig identifiziertes, bewertetes, gemessenes) Wissen kann häufig zu neuen und manchmal auch überraschenden strategischen Optionen führen.

„Das heißt, auf der Basis bestehender spezifischer Kompetenzen können auch neue Lösungen entwickelt werden."

„Wissen ist also nicht zweckfrei?"

„Nein, sondern muss seinen Nutzen in der praktischen Anwendung beweisen."

„Und auch zielgerichtet weiterentwickelt werden?"

„Welche Ziele sollten denn mit einer Reha für meine Knie-TEP vorrangig verfolgt uns soweit als möglich noch während meines Aufenthaltes in der Reha-Klinik erreicht werden?", fragte Mister Knie.

„Vor allem natürlich eine Wiederherstellung der Beweglichkeit Ihres Kniegelenkes, der Muskulatur-Aufbau und die Wieder-erlangung Ihrer Mobilität", antwortete ihm Orthopäde Norbert Euler.

„Und was vielleicht sonst noch?"

„Beispielsweise die Initiierung einer alltagstauglichen Lebensstiländerung."

„Aber ich lebe doch schon so gesund wie möglich."

„Mag ja sein. Oder sonst noch die Minimierung von Risiko-faktoren."

„Das ganze Leben ist doch ein Risiko."

„Auf jeden Fall aber die Wiedereingliederung in Alltag."

„Das alles wieder so geht wie vorher?"

„Wäre doch schön. Wozu dann auch das Erlernen von Selbst-management zum richtigen Umgang mit einer Knie-TEP gehört."

Beim Intellektuellen Kapital liegt die Managementzukunft noch vor uns: gutes und qualitativ hochwertiges Intellektuelles Kapital ist ein knappes Gut und wird sich in Zukunft möglicherweise noch weiter verknappen. So besteht in der Wirtschaftspraxis weitgehend Einigkeit darüber, dass die Managementfragen bezüglich der klassischen Produktionsfaktoren weitgehend ausgereizt sind.

„Anders beim Intellektuellen Kapital, also den „weichen" selten oder überhaupt nicht gemessenen Faktoren."

„?"

„Hier liegt die Managementzukunft noch vor uns."

„Viele wichtigen Tatbestände entziehen sich dabei aber einer quantitativen oder gar monetären Erfassung und erfordern die Berücksichtigung qualitativer Daten und Indikatoren?"

„Obwohl dieses intellektuelle Kapital nicht direkt greifbar ist, ist es für den zukünftigen Erfolg von entscheidender Bedeutung."

„Das heißt, die systematische Steuerung solcher "weichen" Erfolgsfaktoren rückt immer stärker in den Vordergrund?"

Salve, lieber HOLA-Weggefährte,
Nichts ist mehr so wie es war

wenn wir einmal die allgegenwärtige KI fragen würden......

Kannst Du rein rechnerische eine Prognose erstellen, wie eine Reha ablaufen würde?

Kannst Du rein rechnerisch eine Wahrscheinlichkeit ermitteln, wonach die Reha erfolgreich sein wird?

Eine rein rechnerische Prognose über den Ablauf einer Rehabilitation (Reha) und die Erfolgsaussichten ist schwierig, da es viele individuelle Faktoren gibt, die in die Berechnung einfließen müssten. Diese Faktoren variieren stark von Person zu Person und von der Art der Reha, beispielsweise ob es sich um eine orthopädische, neurologische oder psychotherapeutische Reha handelt.

Faktoren, die den Reha-Verlauf beeinflussen können:

1. **Art der Erkrankung oder Verletzung**: Unterschiedliche medizinische Zustände haben unterschiedliche Heilungsverläufe. Eine orthopädische Reha nach einem Kniegelenksersatz wird anders verlaufen als eine neurologische Reha nach einem Schlaganfall.
2. **Alter und allgemeiner Gesundheitszustand**: Jüngere und gesunde Menschen haben tendenziell bessere Heilungschancen.
3. **Motivation und Compliance des Patienten**: Ein motivierter Patient, der sich an die empfohlenen Übungen hält, hat höhere Erfolgschancen.
4. **Dauer und Qualität der Reha-Maßnahmen**: Die Länge und Qualität der Behandlung sowie die Erfahrung des Reha-Teams sind entscheidend für den Erfolg.
5. **Vorerkrankungen**: Chronische Erkrankungen wie Diabetes oder Herz-Kreislauf-Erkrankungen können den Erfolg einer Reha beeinflussen.

Erfolgswahrscheinlichkeit berechnen

Wenn man eine Wahrscheinlichkeit berechnen möchte, bräuchte man idealerweise:

- **Statistische Daten**: Über ähnliche Fälle (z. B. 75 % der Patienten mit Kniegelenkersatz haben nach 6 Monaten deutliche Verbesserungen).
- **Individuelle Parameter**: Wie Alter, Vorerkrankungen, aktuelle Beschwerden, körperliche Verfassung.

Wenn wir solche Informationen für eine spezifische Reha hätten, könnten wir eine Näherung berechnen. Ohne diese spezifischen Daten könnten wir höchstens allgemeine Erfolgswahrscheinlichkeiten auf Basis von Studien und Statistiken für die jeweilige Reha-Art angeben.

Antworten für Sie werden generiert…

Eine Rehabilitation (Reha) verläuft in der Regel in mehreren Phasen und kann je nach Art der Erkrankung oder Verletzung unterschiedlich gestaltet sein. Hier ist ein allgemeiner Überblick über den Ablauf einer Reha:

1. **Aufnahme und Eingangsuntersuchung**: Zu Beginn der Reha erfolgt eine gründliche Untersuchung und ein Aufnahmegespräch, um den aktuellen Gesundheitszustand zu bewerten und individuelle Therapieziele festzulegen[1].
2. **Therapieplan**: Basierend auf den Untersuchungsergebnissen wird ein individueller Therapieplan erstellt, der verschiedene Behandlungsformen wie Physiotherapie, Ergotherapie, medizinische Trainingstherapie und psychologische Betreuung umfassen kann[2].
3. **Tägliches Reha-Programm**: Der tägliche Ablauf beinhaltet verschiedene Therapieeinheiten, die auf die spezifischen Bedürfnisse des Patienten abgestimmt sind. Dazu

gehören auch regelmäßige Arztgespräche zur Überprüfung und Anpassung des Therapieplans[2].

4. **Zwischen- und Abschlussgespräche**: Während der Reha gibt es regelmäßige Gespräche mit dem behandelnden Arzt oder Therapeuten, um den Fortschritt zu besprechen und den Therapieplan gegebenenfalls anzupassen. Am Ende der Reha erfolgt ein Abschlussgespräch, in dem die erzielten Fortschritte und weitere Empfehlungen besprochen werden[2].

5.

Die Erfolgsaussichten einer Reha hängen von vielen Faktoren ab, darunter die Art und Schwere der Erkrankung oder Verletzung, das Alter und der allgemeine Gesundheitszustand des Patienten sowie die Motivation und Mitarbeit des Patienten während der Reha. Statistische Daten zur Erfolgswahrscheinlichkeit können variieren, aber Studien zeigen, dass eine gut durchgeführte Reha in vielen Fällen zu einer signifikanten Verbesserung der Lebensqualität und der körperlichen Funktionen führen kann[3].

Kannst du mir mehr über die Erfolgsaussichten bei spezifischen Erkrankungen sagen?

Antworten für Sie werden generiert…

Natürlich, die Erfolgsaussichten einer Reha können je nach spezifischer Erkrankung oder Verletzung stark variieren. Hier sind einige Beispiele für häufige Reha-Indikationen und deren Erfolgsaussichten:

1. **Orthopädische Erkrankungen:**
   o **Rückenschmerzen**: Bei chronischen Rückenschmerzen kann eine Reha zu einer deutlichen

Schmerzlinderung und Verbesserung der Beweglichkeit führen. Studien zeigen, dass etwa 70-80% der Patienten eine Verbesserung ihrer Symptome erfahren.

- o **Gelenkersatz (z.B. Hüft- oder Knieprothese)**: Nach einer Gelenkersatzoperation kann eine Reha die Funktion des neuen Gelenks erheblich verbessern. Die meisten Patienten erreichen eine gute bis sehr gute Funktionalität innerhalb von 3-6 Monaten.

2. **Neurologische Erkrankungen**:
   - o **Schlaganfall**: Die Reha nach einem Schlaganfall zielt darauf ab, verlorene Fähigkeiten wiederzuerlangen und die Selbstständigkeit zu erhöhen. Die Erfolgsaussichten hängen stark vom Schweregrad des Schlaganfalls ab, aber viele Patienten zeigen signifikante Verbesserungen in den ersten sechs Monaten.
   - o **Multiple Sklerose (MS)**: Bei MS kann eine Reha helfen, Symptome zu lindern und die Lebensqualität zu verbessern. Die Erfolgsaussichten variieren je nach Krankheitsverlauf, aber viele Patienten berichten von einer verbesserten Mobilität und weniger Fatigue.

3. **Kardiologische Erkrankungen**:
   - o **Herzinfarkt**: Nach einem Herzinfarkt kann eine kardiologische Reha die körperliche Leistungsfähigkeit und Lebensqualität erheblich verbessern. Studien zeigen, dass Patienten, die eine Reha durchlaufen, eine geringere Sterblichkeitsrate und weniger erneute Herzereignisse haben.

o **Herzinsuffizienz**: Bei Herzinsuffizienz kann eine Reha die Symptome lindern und die körperliche Belastbarkeit erhöhen. Viele Patienten berichten von einer verbesserten Lebensqualität und weniger Krankenhausaufenthalten.

Die Erfolgsaussichten hängen immer auch von individuellen Faktoren wie dem allgemeinen Gesundheitszustand, der Motivation und der aktiven Teilnahme an den Reha-Maßnahmen ab.

Kannst du mir mehr über die Reha nach einem Herzinfarkt erzählen?

Antworten für Sie werden generiert...

:
Gerne! Eine kardiologische Rehabilitation nach einem Herzinfarkt ist ein wichtiger Schritt, um die Gesundheit und Lebensqualität der Patienten zu verbessern und zukünftige Herzprobleme zu verhindern. Hier sind die wesentlichen Aspekte einer solchen Reha:

Ablauf der kardiologischen Reha
1. **Aufnahme und Eingangsuntersuchung**:
   - o Zu Beginn der Reha erfolgt eine umfassende Untersuchung, um den aktuellen Gesundheitszustand zu bewerten und individuelle Therapieziele festzulegen[1].
2. **Therapieplan**:
   - o Ein individueller Therapieplan wird erstellt, der verschiedene Behandlungsformen wie Bewe-

gungstherapie, Ernährungsberatung, psychologische Unterstützung und medikamentöse Therapie umfasst[1].

3. **Tägliches Reha-Programm**:
   o Der tägliche Ablauf beinhaltet verschiedene Therapieeinheiten, die auf die spezifischen Bedürfnisse des Patienten abgestimmt sind. Dazu gehören körperliches Training, Entspannungsübungen und Schulungen im Umgang mit der Erkrankung[1].

4. **Zwischen- und Abschlussgespräche**:
   o Regelmäßige Gespräche mit dem behandelnden Arzt oder Therapeuten zur Überprüfung des Fortschritts und Anpassung des Therapieplans. Am Ende der Reha erfolgt ein Abschlussgespräch, in dem die erzielten Fortschritte und weitere Empfehlungen besprochen werden[1].

Erfolgsaussichten

Die kardiologische Reha hat sich als sehr effektiv erwiesen. Studien zeigen, dass Patienten, die an einer kardiologischen Rehabilitation teilnehmen, etwa 40-50% seltener einen weiteren Herzinfarkt erleiden als diejenigen, die keine Reha-Maßnahmen in Anspruch nehmen[1]. Auch die Lebenserwartung kann durch eine Reha verbessert werden[1].

Ziele der kardiologischen Reha

- **Verbesserung der körperlichen Leistungsfähigkeit**: Durch gezieltes Training wird die körperliche Belastbarkeit gesteigert.

- **Förderung eines gesunden Lebensstils**: Schulungen und Beratungen helfen, gesunde Gewohnheiten zu entwickeln, wie z.b. eine ausgewogene Ernährung und regelmäßige Bewegung.
- **Psychologische Unterstützung**: Die Verarbeitung des Herzinfarkts und die Bewältigung von Ängsten und Depressionen werden durch psychologische Betreuung unterstützt.
- Wiedereingliederung in den Alltag: Ziel ist es, die Patienten wieder in ihr privates und berufliches Leben zu integrieren und ihre Selbstständigkeit zu fördern[1].

Anspruch und Antragstellung

Eine kardiologische Reha muss von einem Arzt verordnet und medizinisch begründet werden. Patienten haben Anspruch auf eine solche Reha, wenn sie an Herz-Kreislauf-Erkrankungen wie einem Herzinfarkt, einer Herzklappenoperation oder anderen kardio- oder gefäßchirurgischen Eingriffen leiden[1].

KI Ende

Ohne ein Roboter zu sein, könnte man als Mensch vielleicht meinen:

Fiktive Dialoge - ein paar Stunden Intensivcoaching
Denkanstöße
Wissensmanagement
Storytelling
Content

Inspiration
Diskurs
DecisionSupport
Gehirntraining - wenn es gut werden soll
Verstehen lernen
Vernetzt denken
Potenziale ausschöpfen
Komplexität reduzieren
Gestaltbar machen
Wissen transferieren
Proaktiv agieren

Executive Coaching
Denkstudio für strategisches Wissensmanagement

„Die Horizonte verlässlicher Prognosen haben sich mit der Zeit verkürzt, zu turbulent ist das Geschehen."
„Doch trotz des Blicks auf ein verkürztes Zukunftsbild braucht es nach wie vor optimierte Entscheidungen."
„Ja, auch wo sich das Umfeld als prinzipiell unvorhersagbar präsentiert, muss Zukunft gestaltet werden."
„Dabei ist schnelles Handeln nicht immer und jederzeit die beste Antwort auf neue Verhältnisse?"
„Nein, denn in einem turbulenten Umfeld sind es manchmal gerade die schnellen Entschlüsse, die sich im Nachhinein als übereilt und womöglich irreversibel erweisen."

Eine nachhaltige Planung muss auch mit plötzlich auftauchenden Irritationen fertig werden. Ansonsten besteht die Gefahr, durch abrupten Kurswechsel das Gleichgewicht zu stören. Ein guter Plan kommt eben nicht allein mit quantitativen Informationen aus. Nein, gebraucht werden ebenso die qualitativen Informationen.

„Wie könnte man denn eine Knieprothese, also Knie-TEP am besten beschreiben?", fragte Mister Knie.

„Eine Knie TEP, also Knie-Total End Prothese oder auch Kniegelenksprothese ist ein künstlicher Gelenkersatz", erklärte ihm Orthopäde Norbert Euler."

„Also genau was, medizinisch gesehen?"

„Dabei werden der Gelenkkopf und die Gelenkpfanne am Unterschenkel des echten Kniegelenks komplett oder teilweise durch ein künstliches Gelenk ersetzt."

„Ich wollte, ich hätte das alles schon überstanden."

Und wieder ein kleiner Gedankensprung zum Allgemeinen: Schwierig, d.h. komplex wird es beim Wissensmanagement vor allem durch Vernetzung von ökonomischen, sozialen und informationstechnischen Zusammenhängen. Komplexität entspricht einem Zustand, der sich in ständiger Veränderung auf das Ganze bezieht und es nach eigenen Kriterien prägt. Erst durch den Einsatz abbildungsstarker Instrumente und Modelle lassen sich die Herausforderungen solcher Komplexität nachhaltig meistern.

„Die Angst vor Komplexität erzeugt oft Gefühle der Unsicherheit und damit einhergehend Gefühle von Ohnmacht und Unkontrollierbarkeit."
„Was ist es aber, was eine Situation komplex macht oder sie so zumindest empfinden lässt?"

Komplex ist etwas vor allem dann, wenn es unüberschaubar, vernetzt, eigendynamisch, undurchsichtig, wahrscheinlichkeitsabhängig oder einfach nur instabil ist. In Situationen, in denen viele Einflussfaktoren miteinander vernetzt sind, muss stets damit gerechnet werden, dass Handlungen jenseits der beabsichtigten Wirkungen noch weitere Konsequenzen haben können, die sich zur ursprünglich verfolgten Absicht auch durchaus kontra-produktiv verhalten können (Nebenwirkungen, Spätfolgen, Rückkoppelungen).

„Oder kurz gesagt auf den Punkt gebracht: fast genauso wie bei einer Knie-TEP mit anschließender Reha."
„Es gibt eine Reihe von Organisationsfeldern, bei denen nach wie vor ein Nachhol- bzw. Handlungsbedarf festgestellt wurde", teilte PKV-Pressesprecherin Nadja Herrlein mit.
„Und welche sollen das denn sein?", fragte Reha-Experte Martin Mitch.
„Nach unseren Informationen besteht der größte Handlungs-bedarf bei der Rehabilitandenorientierung, dicht gefolgt von dem Behandlungskonzept."
„Ich, für meinen Teil, kann das so nicht eindeutig nachvoll-ziehen."

„Tut mir leid, ist aber so. Auch die Organisationsfelder Qualitätsmanagement, innovative Behandlungsprogramme und Gestaltungsmöglichkeiten der Arbeitsbedingungen haben noch Handlungsbedarf."

„Wenn dem wirklich so wäre, müsste man dann nicht den Bereich „Kompetenzen, Engagement und Motivation des Personals im Vergleich zu anderen Qualitätsdimensionen nicht am wichtigsten einschätzen?"

„Dagegen wäre nichts einzuwenden."

„Wer wurde denn zu den Organisationsfelder mit Handlungsbedarf überhaupt zu seiner Meinung befragt?"

„Rehabilitanden und Rehabilitandinnen, Patientinnen und Patienten, Ärztinnen und Ärzte, Mitarbeiterinnen und Mitarbeiter der Sozialdienste."

„Die müssten es ja eigentlich wissen. Und was haben die sonst noch konkret gesagt?"

„Einig waren sich eigentlich alle, dass die Durchführung des Therapieprogramms mit Zeitplan und Abstimmung der Therapieangebote besonders wichtig sind."

„Was ja wohl nur eine Selbstverständlichkeit ist."

„Größere Unterschiede in der Einschätzung der Qualitätskonzepte ergaben sich aber in den anderen Dimensionen."

„Und welchen?"

„Von den Rehabilitandinnen und Rehabilitanden wurden die Dimensionen „Hotelaspekte", also Qualität des Essens oder Freizeiteinrichtungen im Haus, sowie „Renommee der Einrichtung", beispielsweise technische Ausstattung und Qualifikation des

Chefarztes, als wichtiger eingestuft als die Dimension „Alltagsnähe", wie beispielsweise ambulante Reha oder Entfernung zum Wohnort."

„Und wie sieht es bei der Kompetenz und Erfahrung der Ärzte oder der Verbesserung des körperlichen Zustands aus?"

„Auch das rangiert an herausgehobener Stelle."

„Welche Meinung haben denn die Sozialdienste geäußert?"

„Die betrachten den respektvollen Umgang des Personals mit den Patientinnen und Patienten als wichtigsten Qualitätsfaktor."

„Und sonst?"

„Alle gemeinsam sahen die Ergebnisqualität als ebenfalls wichtigste Dimension an."

„Und Wohlfühlen und Vernetzung?"

„Wurde eher als nachrangig eingestuft."

„Könnte man das alles auch in Form einer Checkliste zusammenfassen?"

„Na klar, zum Beispiel auch mit folgenden Prüfpunkten einer Reha-Klinik: Räumliche Bedingungen, das heißt Patienten-zufriedenheit mit der räumlichen Gestaltung der Klinik."

„Und was wäre mit dem Einbezogensein, das heißt der Teilnahme an der täglichen Routine?"

„Das gehört auf jeden Fall in eine solche Checkliste."

„Oder die rehabilitative Orientierung, das heißt, die wahrgenommene Vorbereitung auf die Zeit nach der Reha?"

„Für die gilt das Gleiche."

„Wäre denn damit eine solche Checkliste schon vollständig?"

„Grundsätzlich dürfte es schwer sein, eine für alle Reha-Kliniken gleich gültige Checkliste in allen Einzelheiten festzulegen."

„Trotzdem, was sollte immer bewertet werden?"

„Unter anderem: Qualifiziertes Patientenmanagement mit partizipativem Therapieplan, Überwachung der Einhaltung bzw. Abweichung vom Therapieplan, leitlinienorientierte Diagnostik und Behandlung, Assessment zum Behandlungserfolg, evidenzbasiertes Behandlungskonzept."

„Auch Peer-Review-Verfahren?"

„Auf jeden Fall: Peer-Review-Begutachtungsverfahren von Entlassungsberichten und Therapieplänen, einzelfall- und indikationsbezogen."

„Gibt es denn neben der internen auch noch eine externe Qualitätssicherung?"

„Ja, und zwar im Wesentlichen in Form von Vorgaben durch das Qualitätssicherungsprogramm für Rehabilitation der Rentenversicherung sowie der gesetzlichen Krankenversicherung."

Im Zeitalter der Information und programmierten Produktion nehmen auch Produkte immer mehr den Charakter von Informationen an. Wörter sind eine Art Informationsspeicher, mit welchem man mit großer Geschwindigkeit die ganze Umwelt und Erfahrung wiedererwecken kann. Alle Formen von Ökonomie sind immer das Ergebnis von Informationsbewegungen.

„Die neuen Medien und Techniken, durch die wir uns selbst verstärken und ausweiten, stellen gewaltige kollektive Eingriffe dar".

„Genauso wie eine gute Bildung längst nicht mehr ein Luxus, sondern in der Wissensgesellschaft zwingende Notwendigkeit ist, wird der Künstler unentbehrlich bei der Gestaltung und Analyse zum Verständnis veränderter Lebensformen."

„Die Fähigkeit des Künstlers dem mörderischen Schlag einer neuen Technik jederzeit auszuweichen und solche Gewaltakte ganz bewusst zu parieren, ist uralt".

„?"

„Der Künstler ist ein Mensch, der nicht nur die Tragweite seines Schaffens sondern auch die neuen Erkenntnisse seiner Zeit erfasst: er ist ein Mensch mit vollem und ganzen Bewusstsein."

„?"

„Kunst ist exaktes Wissen im Voraus, wie man mit psychischen und sozialen Auswirkungen der neuen Technik fertigwerden kann."

„?"

Unsere Augen, Ohren, Nerven (Daten) an kommerzielle Interessenten zu verpachten, ist fast so, als würde man auch die menschliche Sprache einem Privatunternehmen überlassen oder die Erdatmosphäre zum Monopol einer Gesellschaft machen. Die Sprache leistet für die Intelligenz, was das Rad für die Füße und den Körper leistet.

„Gesundes Smartphone-Verhalten durch Nutzung von Trainings-Apps, ein selbstlernender Algorithmus, der den Entlassungs-prozess von Patienten optimiert, sowie ein Pflegepflaster mit Alarmsensor", sagte Gesundheitsmanager Bodo Helmholz.

„Ja, und was ist damit?", fragte Mister Knie.

"Das sind nur drei der smarten Ideen, welche die Health-Initiative unter der Schirmherrschaft des Gesundheitsministeriums aufspürte."

„Das heißt nicht nur im Reha-Prozess nach meiner Knie-TEP, sondern auch im ganzen übrigen Lebensalltag begegnen wir laufend disruptiven Veränderungen der digitalisierten Informationswelt und immer wissensintensiveren Arbeitswelt."

„Die nicht vorhandene, unsichtbare Wahrnehmung wird gefühlt durch die Maschine Zufall ersetzt."

„Am Anfang steht das Unbekannte, Unzugängliche."

„?"

„Um von der Unsicherheit zum Zufall zu gelangen, muss der Blick innehalten, muss einen in Erstaunen versetzen."

„Außerhalb der gelebten Wirklichkeit gibt es keinen Zufall."

„Mit dem Bild des Zufalls wird ja auch nur versucht, die Wirklichkeit begrifflich zu erfassen, sie irgendwie begreiflich zu machen."

„Soll der Zufall also eine Vorstellung vermitteln, ohne etwas der sinnlichen Wahrnehmung oder der reinen Intuition verdanken zu müssen?"

„In der Theorie der Wahrscheinlichkeiten geht es darum, was am Unvorhersehbaren formalisierbar und quantifizierbar sein könnte."

„Im antiken Griechenland gab es hierfür extra den Gott Chaos."

„?"

„Der das repräsentieren sollte, was nicht organisierbar ist."

Der Zufall eröffnet uns eine Welt der Möglichkeiten. Wie das Universum selbst, scheint diese (fast) unendlich. Die erste Regel der Wahrscheinlichkeiten lautet, dass die Wahrscheinlichkeit eines Ereignisses die Summe der Wahrscheinlichkeiten aller Möglichkeiten ist, die es realisieren.

„Ein ambitioniertes Planungsverständnis sollte dafür sorgen, dass das detaillierte Bild der immateriellen Standortfaktoren nicht länger unschärfer ist als beispielsweise das Wissen über Topografie, Landschaft und Umwelt", sagte Consultant-Manager Robert Brent.

„In einer Bilanz mit solchen immateriellen Standortwerten interessieren dann doch wohl alle jene Kriterien, nach denen besonders auch Unternehmen ihre Entscheidungen für oder gegen Investitionen an einem bestimmten Standort treffen?", fragte ihn hierzu die Journalistin Carola Meinhold.

„Du sagst es. Nicht zuletzt gehört deshalb auch die am Standort angesiedelte Gesundheitswirtschaft mit in diese Analyse."

„Das heißt, mit meinen Recherchen zu Reha-Kliniken liege ich dann ja genau richtig."

„Ja, vor allem, wenn es dir dabei um das Thema der Qualitätssicherung gehen sollte."

„Tut es. Im Mittelpunkt stehen für mich hierbei Normen und Vorgaben, die von der Rentenversicherung sehr detailliert ausgearbeitet wurden."

„Beruft man sich dabei vielleicht auf besondere Stärken?"

„Ja, einmal auf die umfassende Messung mehrerer relevanter Qualitätsdimensionen und dann auch auf die Einbeziehung der Patientenperspektive."
„Und dies vor welchem Hintergrund?"

Salve, lieber HOLA-Weggefährte,
Nichts ist mehr so wie es war

wenn wir einmal die allgegenwärtige KI fragen würden......

Worauf ist die Reha-Qualitätssicherung der Rentenversicherung ausgerichtet?

Die Reha-Qualitätssicherung der Deutschen Rentenversicherung (DRV) ist darauf ausgerichtet, die Wirksamkeit und Qualität von Rehabilitationsmaßnahmen zu überwachen und zu verbessern. Ziel ist es, die gesundheitlichen und beruflichen Rehabilitationsziele der Versicherten zu erreichen, ihre Erwerbsfähigkeit zu sichern oder wiederherzustellen und somit die Rückkehr ins Berufsleben zu unterstützen. Die Qualitätssicherung umfasst mehrere Aspekte:

1. **Erreichung der Rehabilitationsziele**: Die Maßnahmen werden auf ihre Wirksamkeit geprüft, um sicherzustellen, dass die gesundheitlichen und beruflichen Ziele der Reha erreicht werden.

2. **Patientenzufriedenheit**: Die Zufriedenheit der Rehabilitanden wird regelmäßig erfasst, um sicherzustellen, dass die Bedürfnisse der Patienten berücksichtigt und die Erwartungen erfüllt werden.
3. **Strukturqualität**: Hierbei geht es um die Rahmenbedingungen der Reha-Einrichtungen, wie Ausstattung, Personalqualifikationen und räumliche Gegebenheiten.
4. **Prozessqualität**: Die Abläufe und die Durchführung der Reha-Maßnahmen werden überwacht, um eine möglichst effektive und effiziente Behandlung zu gewährleisten.
5. **Ergebnisqualität**: Es wird überprüft, inwieweit die Reha-Maßnahmen zu einer Verbesserung des Gesundheitszustands und der beruflichen Wiedereingliederung führen.
6. **Kontinuierliche Verbesserung**: Die Rentenversicherung nutzt die Ergebnisse der Qualitätssicherung, um die Reha-Maßnahmen kontinuierlich zu verbessern.

Durch diese Maßnahmen stellt die Deutsche Rentenversicherung sicher, dass die Rehabilitationsleistungen auf einem hohen qualitativen Niveau erbracht werden und die angestrebten gesundheitlichen und beruflichen Ziele erreicht werden.

Gespräch zwischen Experten zur Qualitätssicherung und Patientenorientierung von Reha Leistungen:

Moderator: Herzlich willkommen zu unserem fiktiven Gespräch zur Qualitätssicherung und Patientenorientierung in der Rehabilitation. Wir haben heute zwei Experten eingeladen: Frau Dr. Meyer, eine Spezialistin für Qualitätsmanagement im Gesundheitswesen, und Herrn Prof. Weber, einen renommierten Experten für Patientenorientierung und Rehabilitation. Beginnen wir mit der ersten Frage an Dr. Meyer: Welche Ansätze zur Qualitätssicherung in der Rehabilitation halten Sie für besonders wichtig?

Dr. Meyer: Vielen Dank. Qualitätssicherung in der Rehabilitation ist ein mehrdimensionaler Prozess. Besonders wichtig sind standardisierte Verfahren zur Messung von Behandlungsergebnissen, wie die ICF (Internationale Klassifikation der Funktionsfähigkeit, Behinderung und Gesundheit). Diese ermöglicht es, den Rehabilitationsprozess entlang definierter Parameter zu bewerten. Zudem spielen kontinuierliche Audits und Befragungen eine wichtige Rolle. Qualitätssicherung umfasst sowohl objektive Indikatoren, etwa die Erfolgsrate bei der Wiederherstellung der Arbeitsfähigkeit, als auch subjektive Faktoren wie die Zufriedenheit der Patienten.

Moderator: Das klingt nach einem sehr umfassenden Ansatz. Prof. Weber, wie sehen Sie das aus der Perspektive der Patientenorientierung?

Prof. Weber: Absolut, Frau Dr. Meyer hat recht. Aber was oft übersehen wird, ist, dass die Patientenorientierung ein integraler Bestandteil der Qualitätssicherung ist. Eine rehabilitative Maßnahme ist dann erfolgreich, wenn sie nicht nur klinisch wirksam ist, sondern auch den Bedürfnissen, Wünschen und Zielen der Patienten entspricht. Patienten müssen stärker in die Therapieplanung einbezogen werden. Individuelle Zielvereinbarungen, regelmäßige Feedbackgespräche und die Anpassung der Behandlungsziele an die Lebensrealität der Patienten sind hier entscheidend.

Moderator: Das klingt, als ob sich beide Ansätze gut ergänzen. Dr. Meyer, wie kann die Patientenperspektive konkret in die Qualitätssicherung integriert werden?

Dr. Meyer: Es gibt verschiedene Methoden, die Patientenperspektive systematisch zu erfassen. Patient Reported Outcome Measures (PROMs) und Patient Reported Experience Measures (PREMs) sind hier wesentliche Instrumente. PROMs messen die vom Patienten wahrgenommene Verbesserung der Gesundheit, während PREMs die Erfahrungen des Patienten mit dem Rehabilitationsprozess erfassen. Diese Daten können dann genutzt werden, um den Prozess zu optimieren und individuelle Schwächen in der Reha zu identifizieren.

Moderator: Prof. Weber, sehen Sie Herausforderungen bei der praktischen Umsetzung der Patientenorientierung in der Rehabilitation?

Prof. Weber: Ja, es gibt durchaus Herausforderungen. Ein zentraler Punkt ist die Kommunikation. Viele Patienten fühlen sich nicht ausreichend informiert oder haben das Gefühl, dass ihre Bedürfnisse nicht gehört werden. Hier bedarf es einer Verbesserung in der Schulung des Personals, damit diese nicht nur medizinisch exzellent arbeiten, sondern auch empathisch auf die Patienten eingehen. Zudem müssen die Rehabilitationskliniken strukturell besser ausgestattet werden, um Flexibilität in den Therapieplänen zu ermöglichen. Nicht jeder Patient passt in ein standardisiertes Behandlungsschema.

Moderator: Spannend! Abschließend, was würden Sie sich für die Zukunft der Rehabilitation wünschen, um Qualitätssicherung und Patientenorientierung noch stärker zu verzahnen?

Dr. Meyer: Ich wünsche mir eine noch stärkere Digitalisierung der Prozesse. Elektronische Patientenakten, die die gesamte Behandlungshistorie und die Patientenfeedbacks abbilden, könnten den Behandlungsverlauf effizienter und individueller gestalten. So wäre es möglich, die Qualitätssicherung und die Patientenorientierung kontinuierlich in Echtzeit zu optimieren.

Prof. Weber: Für mich steht der Mensch im Mittelpunkt. In Zukunft wünsche ich mir mehr Interdisziplinarität und noch engere Zusammenarbeit zwischen den Therapeuten, Ärzten und Patienten. Durch eine wirklich patientenzentrierte Kultur könnten wir die Ergebnisse der Rehabilitation weiter verbessern.

Moderator: Vielen Dank an Sie beide für dieses aufschlussreiche Gespräch! Es wird spannend sein zu sehen, wie sich die Reha-Landschaft weiterentwickelt.

KI Ende

Ohne ein Roboter zu sein, könnte man als Mensch vielleicht meinen:

Fiktive Dialoge - ein paar Stunden Intensivcoaching
Denkanstöße
Wissensmanagement
Storytelling
Content
Inspiration
Diskurs
DecisionSupport

Gehirntraining - wenn es gut werden soll
Verstehen lernen
Vernetzt denken
Potenziale ausschöpfen
Komplexität reduzieren
Gestaltbar machen
Wissen transferieren
Proaktiv agieren

Executive Coaching
Denkstudio für strategisches Wissensmanagement

„Die Reha-Qualitätssicherung der Rentenversicherung ist von Anfang an darauf ausgerichtet, mit methodisch unterschiedlichen Verfahren möglichst viele verschiedene Aspekte der Qualität der Rehabilitation zu erheben und zu bewerten."
„Stimmt, haben wir bei uns auch schon für eventuelle Projekte in diesem Bereich diskutiert."
„Und, ist was dabei herausgekommen?"
„Ja, was glaubst denn du. Wesentliche Qualitätssicherungs-instrumente sind Peer-Review-Verfahren, Reha-Therapie-standards, die Erfassung der Rehaleistungen mittels einer Klassifikation therapeutischer Leistungen, eine Rehabilitanden-befragung, eine Strukturerhebung sowie Visitationen in den Kliniken."
„Habt ihr dabei auch über Patientenorientierung gesprochen?"
„Ja, unter anderem in Form einer stichprobenartigen Patienten-befragung zu ihrer Einschätzung des Reha-Erfolges."
„Und dann?"

„Könnte man die Ergebnisse einer Klinik mit denen von Referenzkliniken vergleichen."

„Gibt es hierzu denn schon Hinweise?"

„Was ich darüber weiß: von vielen Patienten wird die Abstimmung der Therapieplanung und -ziele als besonders schlecht eingeschätzt."

„Da deckt sich genau mit meinen Recherchen zu einer bestimmten Klinik."

„Wobei wir dann auch schon bei der Strukturqualität bestimmter Einrichtungen wären."

„Was gehört dazu?"

„Vor allem eine Analyse von Personal, Ausstattung und Qualitätsmanagement."

„Sehr gut, denn genau das ist ja auch eine wesentliche Grundlage für eine qualitativ abgesicherte Versorgung."

„Richtig, aber nicht nur das."

„Sondern?"

„Es sollten, zumindest stichprobenartig, auch noch Peer-Review-Verfahren durchgeführt werden."

„Mit welchem Ziel?"

„Für eine Beurteilung der Prozessqualität auf Basis des in den Entlassungsberichten und Therapieplänen dokumentierten Reha-Verlaufs."

„Nach meinen Informationen besteht ein Vorteil der von der Rentenversicherung vorgegebenen Reha-Dokumentation darin, dass dabei inhaltliche Anforderungen nicht nur formuliert und mitgeteilt werden, sondern auch empirisch überprüft werden können."

„Warum soll das denn so wichtig sein?"

„Weil man herausgefunden hat, dass die Leistungserbringung in den Reha-Einrichtungen sehr heterogen ausfallen kann."

„Vornehm ausgedrückt, dass es in der Realität zwischen gut und schlecht eine zu große Spanne geben kann, die besonders unter Qualitätsaspekten nicht akzeptabel ist."

„Was sich wiederum mit Patientenbefragungen deckt, dass es insbesondere bei den Zielvereinbarungen deutliche Defizite gibt."

„Also gibt es in den Systemen zur Qualitätssicherung auch deutliche Schwächen?"

„Davon kannst du ausgehen."

„Und welche zum Beispiel?"

„Meiner Ansicht nach unter anderem die geringe Belegungs- und Vergütungsrelevanz: Es gibt keine Belege dafür, dass hohe Versorgungsqualität in den Einrichtungen durch die Kostenträger honoriert wird."

„Beziehungsweise schlechte Versorgungsqualität sanktioniert wird?"

„Ja, leider. Und weiter gibt es auch keine Informationen für Reha-Patienten."

„Das heißt, die Betroffenen haben keine Möglichkeit, sich im Vorfeld einer Reha über die Qualität einer Einrichtung aus-reichend zu informieren?"

„Ich jedenfalls sehe das so. Vielleicht sollten sich ja einmal die Medien stärker darum bemühen, für die Öffentlichkeit mehr Transparenz zu schaffen."

„Und was ist mit dem FOCUS? Viele Reha-Einrichtungen brüsten sich doch mit der angeblichen TOP-Bewertung von denen?"

„Hör´ mir bloß damit auf. Nach meinen Recherchen ist die von denen verwendete Datenbasis für Außenstehende mehr als undurchsichtig und deckt die wichtigsten Aspekte einer Qualitätssicherung, die den Namen verdient, nicht einmal ansatz-weise ab." „Mit anderen Worten: Reha-Qualitätssicherung ist ein weites Feld, das noch einer besseren Bearbeitung harrt."

„Auf dem Weg der Verschmelzung menschlichen Geistes mit dem Internet surfen wir durch Gedanken und Anregungen, nehmen auf, was uns gefällt."
„Speichern, verlinken und sammeln Informationen, Unterhaltung und Sozialleben?"

Das Netz hat die Art und Weise, wie wir Gedanken erfassen und wie wir von diesen Informationen Gebrauch machen, verändert (bestimmt). Unter Umständen bedeutet dies kürzere Aufmerksamkeitsspannen, schwächere Gedächtnisleistungen, bruchstückhafte Argumentationen oder die Neigung, Suchmaschinen-Hinweise mit Tatsachen zu verwechseln.

„Auf der anderen Seite hat das Internet aber auch die Zusammenarbeit so leicht wie nie zuvor gemacht, den Zugang zu einem Meer von Informationen dramatisch verbreitert oder den großen Speicher des Weltwissens per Mausklick für alle eröffnet."
„Erfahrungen und ein Wissensschatz, den in der Vergangenheit ein Einzelner aufgebaut haben mochte, sind heute weniger wert

als die Fähigkeit, seine Aufmerksamkeit auf etwas fokussieren zu können und es aufzubereiten zu können."

„?"

„Die Fähigkeit, einer Maschine Informationen zielgerichtet entnehmen zu können hat Fähigkeiten abgelöst, sich ohne Hilfsmittel erinnern zu können."

„Seine Aufmerksamkeit gezielt auf etwas richten zu können ist also oft wichtiger als sachkundiges Detailwissen?"

Nicht wenige fühlen sich von dem Ansturm an Informationen überfordert. Es kommt darauf an, unnötige Informationen zu verwerfen, um die verborgene Gestalt des Wissens freizulegen.

„Noch vor nicht allzu langer Zeit, musste Wissen aktiv ausfindig gemacht werden."

„?"

„Heute dagegen werden wir mit Informationen geradezu überschwemmt."

„Vieles davon ist aber irrelevant oder von zu geringer Qualität."

„Im internetgesteuerten Denken wird nicht prämiert, was man weiß, sondern was man herausfinden kann?"

Salve, lieber HOLA-Weggefährte,
Nichts ist mehr so wie es war

wenn wir einmal die allgegenwärtige KI fragen würden......

Welche Gesundheits-Apps gibt es im Netz?

Gibt es zum Beispiel so etwas wie eine mentale Trainings-App, die die Entwicklung eines gesunden Smartphone-Verhaltens fördert?

Antworten für Sie werden generiert...

:Es gibt eine Vielzahl von Gesundheits-Apps, die verschiedene Aspekte der Gesundheit abdecken. Hier sind einige Kategorien und Beispiele:

1. **Ernährung und Abnehmen**: Kalorienzähler, Ernährungstagebücher.
2. **Bewegung und Fitness**: Schrittzähler, Trainings-Apps für bestimmte Sportarten.
3. **Herz-Kreislauf-Gesundheit**: Überwachung von Puls und Blutdruck.
4. **Meditation und Achtsamkeit**: Apps zur Stressbewältigung.
5. **Psychische Gesundheit**: Stimmungstagebücher, Unterstützung bei psychischen Erkrankungen.
6. **Schlaf**: Schlafüberwachung, Einschlafhilfen.
7. **Frauengesundheit**: Periodentracker, Schwangerschafts-Apps[1].

Für mentale Trainings-Apps, die ein gesundes Smartphone-Verhalten fördern, gibt es ebenfalls einige interessante Optionen:

1. **MinDoc**: Ein digitaler Stimmungs-Tracker, der hilft, emotionale Muster zu erkennen[2].
2. **Deprexis**: Eine Online-Therapie-App auf Basis der kognitiven Verhaltenstherapie[2].
3. **Sanvello**: Bietet Tools für Stressbewältigung, Achtsamkeit und kognitive Verhaltenstherapie[3].
4. **Forest**: Eine App, die hilft, fokussiert zu bleiben und weniger Zeit am Smartphone zu verbringen, indem sie das Pflanzen von virtuellen Bäumen belohnt[4].

Diese Apps können dabei helfen, ein gesünderes Verhalten im Umgang mit dem Smartphone zu entwickeln und gleichzeitig die mentale Gesundheit zu fördern.

Gibt es Apps, die speziell auf chronische Krankheiten ausgerichtet sind?

Antworten für Sie werden generiert…

Ja, es gibt zahlreiche Apps, die speziell für Menschen mit chronischen Krankheiten entwickelt wurden. Diese Apps können bei der Überwachung, Behandlung und Linderung von Symptomen helfen. Hier sind einige Beispiele:

1. **MyTherapy**: Diese App hilft bei der Medikamenteneinnahme und erinnert an Arzttermine. Sie bietet auch ein Tagebuch für Symptome und Wohlbefinden[1].

2. **Mika**: Eine App für Krebspatienten, die als interaktive Therapieassistentin fungiert und personalisierte Informationen sowie Unterstützung bietet[1].
3. **Cankado**: Eine Tagebuch-App speziell für Brustkrebspatient:innen, die die Therapie begleitet und unterstützt[1].
4. **Tinnitracks**: Diese App ist für Menschen mit Tinnitus und bietet personalisierte Therapieansätze[2].
5. **Migräne-App**: Hilft bei der Dokumentation von Migräneanfällen und bietet Informationen zur Vorbeugung und Behandlung[2].

Diese Apps sind oft als Digitale Gesundheitsanwendungen (DiGA) zugelassen und können sogar auf Rezept verordnet werden[2].

Gibt es Apps für Menschen mit Diabetes?

Antworten für Sie werden generiert…

Ja, es gibt viele Apps, die speziell für Menschen mit Diabetes entwickelt wurden. Diese Apps können bei der Überwachung des Blutzuckerspiegels, der Medikamenteneinnahme und der allgemeinen Gesundheitsverwaltung helfen. Hier sind einige empfehlenswerte Beispiele:

1. **MyTherapy**: Diese App erinnert an die Einnahme von Medikamenten und die Messung des Blutzuckerspiegels. Sie bietet auch ein Tagebuch für Symptome und Wohlbefinden[1].
2. **FreeStyle LibreLink**: Mit dieser App können Nutzer ihre Blutzuckerwerte kontinuierlich überwachen, indem

sie die Daten von einem Sensor auf ihrem Arm auslesen[1].

3. **SiDiary**: Ein digitales Diabetes-Tagebuch, das Daten von Blutzuckermessgeräten und anderen Gesundheitsgeräten integriert[1].

4. **Glucose Buddy**: Diese App hilft bei der Verfolgung von Blutzuckerwerten, Mahlzeiten, Medikamenten und körperlicher Aktivität[1].

5. **Omnitest Diabetes-Tagebuch**: Eine kostenlose App, die hilft, sämtliche Therapiedaten im Blick zu behalten und die Daten vom Messgerät per Bluetooth zu übertragen[1].

Diese Apps können den Alltag mit Diabetes erheblich erleichtern und dabei helfen, die Krankheit besser zu managen.

:

Welche App ist am besten zur Gewichtskontrolle geeignet?

Antworten für Sie werden generiert...

:

Es gibt mehrere hervorragende Apps zur Gewichtskontrolle, die je nach Ihren individuellen Bedürfnissen und Vorlieben unterschiedliche Funktionen bieten. Hier sind einige der besten Optionen:

1. **Noom**: Diese App kombiniert Ernährungsberatung mit psychologischen Ansätzen, um langfristige Gewichtsabnahme zu fördern. Sie bietet personalisierte Ernährungs- und Trainingspläne sowie tägliche Motivationssprüche[1].

2. **MyFitnessPal**: Eine sehr beliebte App, die Kalorienzählen und Ernährungsprotokollierung einfach macht. Sie

verfügt über eine umfangreiche Lebensmitteldatenbank und kann mit Fitness-Trackern synchronisiert werden[1].

3. **Weight Watchers (WW)**: Diese App bietet ein Punktesystem zur Verfolgung der Nahrungsaufnahme und hilft dabei, gesunde Essgewohnheiten zu entwickeln. Sie wird oft von Ärzten empfohlen[2].

4. **Lose It!**: Eine benutzerfreundliche App, die Kalorien und Makronährstoffe verfolgt. Sie bietet auch Barcode-Scanner und eine große Lebensmitteldatenbank[1].

5. **Yazio**: Diese App hilft bei der Verfolgung von Kalorien, Makronährstoffen und körperlicher Aktivität. Sie bietet auch personalisierte Ernährungspläne und Rezepte[1].

Jede dieser Apps hat ihre eigenen Stärken und kann Ihnen helfen, Ihre Gewichtsziele zu erreichen. Es könnte hilfreich sein, mehrere auszuprobieren, um herauszufinden, welche am besten zu Ihnen passt.

Welche App ist am besten zur Fitnessverfolgung geeignet?

Antworten für Sie werden generiert...

Es gibt viele großartige Fitness-Apps, die je nach Ihren individuellen Bedürfnissen und Vorlieben unterschiedliche Funktionen bieten. Hier sind einige der besten Optionen:

1. **Nike Training Club**: Diese App bietet über 190 kostenlose Workouts für alle Fitnesslevels. Sie können Workouts nach Ihren Zielen, Ihrem Fitnesslevel und der verfügbaren Ausrüstung filtern[1].

2. **MyFitnessPal**: Diese App hilft Ihnen, Ihre Ernährung zu verfolgen und Ihre Kalorienzufuhr zu kontrollieren. Sie

kann auch mit verschiedenen Fitness-Trackern synchronisiert werden[1].
3. **FitOn**: Diese App bietet kostenlose Workouts von Top-Trainern und ist ideal für alle, die eine große Auswahl an Trainingsprogrammen suchen[1].
4. **Freeletics**: Bekannt für seine intensiven HIIT-Workouts, bietet diese App personalisierte Trainingspläne und eine große Community zur Unterstützung[2].
5. **Gymondo**: Diese App bietet eine Vielzahl von Workouts, einschließlich Yoga und Tanz, sowie Ernährungspläne, um Ihre Fitnessziele zu unterstützen[2].

Jede dieser Apps hat ihre eigenen Stärken und kann Ihnen helfen, Ihre Fitnessziele zu erreichen. Es könnte hilfreich sein, mehrere auszuprobieren, um herauszufinden, welche am besten zu Ihnen passt.

Können Sie mir mehr über Nike Training Club erzählen?
Copilot

Antworten für Sie werden generiert...

:
Natürlich! **Nike Training Club (NTC)** ist eine vielseitige Fitness-App, die eine breite Palette von Workouts und Trainingsplänen bietet. Hier sind einige der Hauptmerkmale:

1. **Vielfältige Workouts**: Die App bietet über 190 kostenlose Workouts, die von professionellen Trainern entwickelt wurden. Diese reichen von Krafttraining und Ausdauer bis hin zu Yoga und Mobilität.

2. **Anpassbare Trainingspläne**: Sie können Trainingspläne erstellen, die auf Ihre individuellen Ziele, Ihr Fitnesslevel und die verfügbare Ausrüstung abgestimmt
   sind.
3. **Videoanleitungen**: Jedes Workout wird durch detaillierte Videoanleitungen begleitet, die sicherstellen, dass
   Sie die Übungen korrekt ausführen.
4. **Flexibilität**: Workouts können nach Dauer, Intensität
   und Art gefiltert werden, sodass Sie immer das passende
   Training finden.
5. **Integration mit anderen Apps**: NTC kann mit anderen
   Fitness-Apps und Geräten synchronisiert werden, um
   Ihre Fortschritte zu verfolgen und ein umfassendes Bild
   Ihrer Fitness zu erhalten.
6. **Community und Motivation**: Die App bietet Zugang zu
   einer großen Community von Fitnessbegeisterten und regelmäßige Herausforderungen, um Sie motiviert zu halten.

Nike Training Club ist ideal für alle, die eine flexible und umfassende Fitnesslösung suchen, egal ob Anfänger oder Fortgeschrittene.

KI Ende

Ohne ein Roboter zu sein, könnte man als Mensch vielleicht meinen:

Fiktive Dialoge - ein paar Stunden Intensivcoaching

Denkanstöße
Wissensmanagement
Storytelling
Content
Inspiration
Diskurs
DecisionSupport
Gehirntraining - wenn es gut werden soll
Verstehen lernen
Vernetzt denken
Potenziale ausschöpfen
Komplexität reduzieren
Gestaltbar machen
Wissen transferieren
Proaktiv agieren

Executive Coaching
Denkstudio für strategisches Wissensmanagement

Das Netz erfordert eine neue Form von Lesefähigkeit: die Fähigkeit, aus dem Übermaß der Informationen schnell und gezielt das Hilfreiche von dem Sinnlosen zu unterscheiden.

„Das Internetdenken besteht nicht nur aus Surfen und Sammeln, sondern auch aus Auswählen und Wegwerfen".
„Morsches Holz abschlagen zu können ist vielleicht die wichtigste Fähigkeit des Onlinegehirns?"

„Auch Gesundheits-Apps finden immer mehr Anklang", stellte AOK-Expertin Marion Bock fest.

„Woran könnte man das denn festmachen?", fragte Audit-Manager David Kunze.

„Nicht zuletzt daran, dass die Bundesregierung das Digitale-Versorgungs-Gesetz verabschiedet hat und damit die Kosten für solche Apps von der Krankenkasse übernommen werden."

„Nennen Sie doch einmal ein Beispiel für solche Gesundheits-Apps."

„Zum Beispiel eine mentale Trainings-App, die die Entwicklung eines gesunden Smartphone-Verhaltens fördert."

„Oh, das war aber auch dringend notwendig."

„Und dazu auch noch evidenzbasierte Methoden der kognitiven Verhaltenstherapie in eine einfache, mobile Lernerfahrung umsetzen."

Wenn die FAZ eine ganze Seite dem Ende der Schriftkultur widmet, so darf man das hierbei skizzierte Szenario als durchaus bedrohlich empfinden. Bezeichnend auch, dass eine solche Diskussion in den politischen und nicht etwa in den kulturellen Teil des Mediums gestellt wurde

„In einer vernetzten und audiovisuell organisierten Welt von morgen braucht man doch immer weniger Menschen, die lesen und schreiben können?"

„Der Weg einer „oralen Gesellschaft" zurück in die Mündlichkeit ist vorgezeichnet."

„Das heißt, die Erosion der Schriftkultur ist bereits an vielerlei Stellen zu besichtigen."

„Die audiovisuelle Kommunikation befindet sich also unaufhaltbar auf dem Vormarsch?"

„Der Verfall der Schriftkultur zeigt sich beispielsweise doch schon am starken Niveauverlust studentischer Seminararbeiten." „Oder: an der bereits unter Akademikern mangelnden Fähigkeit, passable Briefe schreiben zu können? Oder: an der mangelnden Fähigkeit und Bereitschaft, umfangreiche Texte zu lesen?" „Das für viele mühsame Lesen und Schreiben wird nicht nur durch neue Technologien der digitalen Revolution bedroht, sondern nicht zuletzt durch zwischen Effizienz- und Wettbewerbsdruck bestehende Wechselwirkungen." „?"

Der Einklang aus Lesen, Schreiben und Rechnen sei nicht für alle Zeit in Stein gemeißelt: eine Welt, in der es hochqualifizierte Eliten und eine mangelhaft qualifizierte Masse gebe, sei nicht mehr ferne. Vor diesem Hintergrund ist die Frage, ob Lehrpläne in der digitalen Welt noch zeitgemäß seien, nur konsequent: an manchen Schulen haben fenstergroße Touchscreens von „Smartboards" bereits die Schultafel ersetzt.

„Wer soll sich denn schon für das Qualitätsmanagement-System einer Reha-Klinik interessieren?", fragte Qualitätsmanager Lars Schäfer.
„Aber hallo, da gibt es schon so einige", antwortete Blogger Hannes Nader.

„Andere, als vielleicht gerade einmal Patienten?"

„Na klar doch, zum Beispiel nämlich Leistungsträger, Ange-hörige, zuweisende Ärzte und Krankenhäuser, Sozialdienste, Beratungsstellen, Servicestellen, weiterbehandelnde Ärzte-Einrichtungen-Therapeuten, ambulante Pflegedienste, Home-Care-Versorgung, Mitarbeiter, Träger der Einrichtung oder Selbsthilfegruppen."

„Natürlich müssen dabei auch viele Anforderungen auf ihre Aktualität hin überprüft und überwacht werden."

„Zum Beispiel die der Sozialgesetzgebung?"

„Nicht nur, sondern auch Reha-Richtlinien, Therapiestandards oder Leitlinien."

„Haben Sie für das Qualitätsmanagement-System auch einen Geltungsbereich definiert?"

„Ja, wobei ein solcher Geltungsbereich alle Bereiche und Prozesse umfassen muss, die für die Erbringung einer stationären Reha notwendig sind. Darüber hinaus kann die Reha-Einrichtung selbst definieren, für welche Bereiche und Prozesse in ihrem Betrieb das QM-System gilt."

„Gibt es denn ein Hygienemanagement?"

„Ja, dabei sind selbstverständlich länderspezifische Vorgaben des Gesetzgebers sowie das Infektionsschutzgesetz zu berück-sichtigen."

„Sind hierfür auch die Verantwortlichen benannt?"

„Jedenfalls finden immer mal auch Sitzungen der Hygiene-kommission und Hygieneunterweisungen statt."

„Ich gehe einmal davon aus, dass die Einrichtung ihren Reha-Auftrag, ihr Aufgabenverständnis und die daraus folgenden Leistungen auch schriftlich dokumentiert hat?"

„Davon sollte man grundsätzlich ausgehen können. Dazu zählen doch unter anderem Aussagen zur Organisation mit Strukturen und Prozessen, die Darstellung des Leistungsspektrums und die Übereinstimmung mit den Rahmenvorgaben der Leistungs-träger."

„Okay, das heißt, welche Kernprozesse werden dokumentiert?"

„Vor allem Kernprozesse der Behandlung und Schlüssel-prozesse"

„Das heißt Aufnahme, Diagnostik, Therapie und Behandlung?"

„Ja."

„Und als wesentliche Schlüsselprozesse mindestens auch Fehler- und Beschwerdemanagement?"

„Ich glaube schon."

„Glauben Sie nur oder wissen Sie das auch?"

„Ich glaube es zu wissen."

„Sie machen für mich den Eindruck, diesen Punkt lieber nicht ausführlich ansprechen zu wollen, oder täusche ich mich?"

„Warum sollte ich?"

„Weil mir gerade zum Fehler- und Beschwerdemanagement Informationen vorliegen, dass in diesem Bereich nicht immer alles zum Besten steht?"

„Echt? Da wissen Sie scheinbar mehr als ich."

„Muss ja wohl so sein. Und auch in den Bereichen Therapie und Entlassung scheint manches nicht immer streng leitliniengerecht zu verlaufen."

„Was gegebenenfalls allerdings zu belegen wäre."

„In jedem Fall muss die Reha-Einrichtung die Kriterien und Verfahren, einschließlich Überwachung und Messung mit damit verbundenen Leistungsindikatoren, bestimmen, um ihre Prozesse besonders hinsichtlich der Erfüllung von Therapiestandards zu steuern."

„So sollte es wohl sein."

„Gibt es denn wenigstens dokumentierte Informationen darüber, mit welchen qualitätsorientierten Kennzahlen gearbeitet wird?"

„Ja, in Form einer Kennzahlensystematik."

„Ist das so etwas wie eine Matrix mit Definition, Messung, Verantwortung, Bewertung und Maßnahmen?"

„So in etwa."

„Das heißt, es wurden auch Instrumente zur Überwachung und Verbesserung festgelegt?"

„Welche verstehen Sie darunter?"

„Nach meinem Dafürhalten zum Beispiel interne Audits, Beschwerdemanagement, Fehlermanagement oder Ideen-management."

„Jedenfalls arbeiten wir an unseren fachlichen und methodischen Kompetenzen."

„?

Der Wandel von Wissen verändert die uns umgebende Welt einschließlich Reaktionen des Bewusstseins. Die Zukunft sieht so aus: Texte reduzieren sich auf ein vertiefendes Angebot für eine

Minderheit, grafisch aufbereitete Kurzinformationen dominieren, gute Texte und Meinungsbeiträge werden nur noch von einer klei- nen Minderheit gelesen, die Masse liest im Internet nur noch Überschriften und Kurzinformationen, den Informationsfluss be- stimmen Bildergalerien und Kurzvideos.

„Das heißt, Technik beeinflusst die Modalitäten des Entstehens von Wissen?"

Salve, lieber HOLA-Weggefährte,
Nichts ist mehr so wie es war

wenn wir einmal die allgegenwärtige KI fragen würden......

Wie aussagekräftig sind Reha-Bewertungen in allge- meinen Publikationen wie zum Beispiel dem Focus? Gibt es für Reha-Einrichtungen eine Rangliste?

Reha-Bewertungen in allgemeinen Publikationen wie dem **Focus** oder anderen Magazinen können eine erste Orientierungs- hilfe sein, sollten aber mit Vorsicht interpretiert werden. Die Aussagekraft solcher Bewertungen hängt von mehreren Fakto- ren ab:

1. Bewertungskriterien

Die Bewertungskriterien, die in solchen Publikationen verwendet werden, sind oft auf allgemeine Merkmale fokussiert, wie z. B.:

- Fachliche Qualifikation der Ärzte und Therapeuten
- Ausstattung der Einrichtung
- Patientenzufriedenheit
- Erfolg der Behandlungen

Allerdings sind diese Kriterien oft standardisiert und nicht immer auf individuelle Bedürfnisse zugeschnitten, die spezifische Erkrankungen oder Reha-Maßnahmen betreffen.

2. Subjektive Erfahrungen

Viele dieser Bewertungen beruhen auf **Patientenmeinungen**, die subjektiv geprägt sein können. Die persönlichen Erfahrungen einzelner Patienten können stark variieren und müssen nicht zwingend für die generelle Qualität der Einrichtung stehen.

3. Methodik der Bewertung

Bei Publikationen wie dem Focus wird oft auf eine **Mischung aus Expertenmeinungen, Patientenbefragungen** und **medizinischen Qualitätskennzahlen** zurückgegriffen. Wie transparent und nachvollziehbar diese Methodik ist, kann stark variieren.

4. Ranglisten für Reha-Einrichtungen

Es gibt tatsächlich **Ranglisten** für Reha-Einrichtungen, wie zum Beispiel die **"Focus Klinikliste"**, die jährlich herausgegeben wird. Diese Ranglisten basieren auf verschiedenen Kriterien, darunter:

- **Qualitätsberichte der Kliniken**
- **Patientenbewertungen**
- **Empfehlungen von Fachärzten**

Auch das Magazin **"Stern"** und andere Veröffentlichungen bieten ähnliche Übersichten. Diese Ranglisten können nützlich sein, um einen Überblick zu erhalten, sollten aber nicht die alleinige Entscheidungsgrundlage sein.

Zusammenfassung:

Reha-Bewertungen in Publikationen wie dem Focus können eine gute **Erstinformation** bieten, sind aber keine vollständige Grundlage für die Wahl einer Reha-Einrichtung. Es ist sinnvoll, diese Bewertungen mit **persönlichen Recherchen, Ärzteempfehlungen** und **individuellen Bedürfnissen** abzugleichen, um eine fundierte Entscheidung zu treffen.

KI Ende

Ohne ein Roboter zu sein, könnte man als Mensch vielleicht meinen:

Fiktive Dialoge - ein paar Stunden Intensivcoaching
Denkanstöße
Wissensmanagement
Storytelling
Content
Inspiration
Diskurs
DecisionSupport
Gehirntraining - wenn es gut werden soll
Verstehen lernen
Vernetzt denken
Potenziale ausschöpfen
Komplexität reduzieren
Gestaltbar machen
Wissen transferieren
Proaktiv agieren

Executive Coaching
Denkstudio für strategisches Wissensmanagement

„Elektronische Technologien verändern traditionelle Denkstrukturen."
„Und der Wandel der Kommunikationsformen hat auch gesellschaftliche Auswirkungen?"

„Elektronische Kommunikation überspringt und verschiebt Grenzen: sie verändert Bedingungen und bisherige Restriktionen der Zeitlichkeit."

„?"

„Während früher die Sphäre des Privaten auf mündlicher Kommunikation basierte mündet dies heute vor dem Hintergrund technologischer Verschiebungen in sozialen Netzwerken."

So hat der klassische Besitz von Wissen über das Gedächtnis an Bedeutung verloren: elektronische Medien schaffen neue Möglichkeitsräume in denen alles verfügbare Wissen auf jedem Laptop zugänglich gemacht werden kann. Mit der Anbindung an elektronische Systeme entstehen neue Szenarien mit einer fortschreitenden Virtualisierung des Lebens.

„Auch im Gesundheitswesen sind digitale Prozesse unaufhaltsam auf dem Vormarsch", sagte Wirtschaftsförderin Petra Messer.
„Vielleicht hätte ich mir nach meiner Knie-TEP meine Reha-Klinik besser über eine App anstatt über ein Gütesiegel von FOCUS aussuchen sollen?", fragte Mister Knie.
„Warum nicht? Nach meinen Informationen gibt es für Krankenhäuser schon ein Projekt, mit dem Entlassungsprozesse von Patienten optimiert werden sollen."
„Und wie?"
„Indem über eine Plattform die Anschlussversorgung digital koordiniert werden kann."
„Das geht?"

„Scheinbar. Ein selbstlernender Algorithmus findet auf Basis eines Patientenprofils relevante Nachsorger wie Rehakliniken und reserviert dort Kapazitäten für einen guten Übergang am geplanten Entlassungstag."

„Aber die Krux dabei ist doch, dass dieser Algorithmus auch erst einmal wissen müsste, welche der Rehakliniken mir die beste Leistung garantieren kann. Ich hoffe jedenfalls, dass dieser selbstlernende Algorithmus irgendwelche Gütesiegel nicht einfach unbesehen übernimmt."

„?"

Wandel ist ein ständiges Fließen von Umgestaltung und ist nicht die Folge irgendeiner Kraft, sondern eine nahezu natürliche Tendenz, die allen Dingen und Situationen schon von Vornherein innezuwohnen scheint. Genauso wie das Rationale und das Intuitive komplementäre, sich ergänzenden Formen des Denkens sind. Rationales Denken ist linear, fokussiert, analytisch.

„Es gehört zum Bereich des Intellekts, der die Funktion hat, zu unterscheiden, zu messen, zu kategorisieren."

„Dementsprechend tendiert rationales Denken zur Zersplitterung?"

„Intuitives Wissen dagegen beruht auf unmittelbarer, nichtintellektueller Erfahrung der Wirklichkeit, die in einem Zustand erweiterten Bewusstseins entsteht".

„Es ist ganzheitlich, nichtlinear und strebt nach Synthese?"

„Individuelle Kompetenz umfasst netzartig zusammenwirkenden Facetten", sagte Consultant-Manager Robert Brent.

„Welche sollten das denn genau sein?", fragte Wirtschafts-förderin Petra Messer, die dabei daran dachte, welchen Einfluss die Leistungen der Reha-Klinik auf das Image des gesamten Standortes haben könnten.

„Nun dazu zählen unter anderem Facetten wie Wissen, Fähigkeit, Verstehen, Können, Handeln, Erfahrung oder Motivation."

„Und was hat das mit einer Führungsverantwortung im Hinblick auf das Qualitätsmanagementsystem zu tun?"

„Sehr viel. Weil in diesen Zusammenhang zum Beispiel die Rechenschaftspflicht für die Wirksamkeit des QM-Systems oder auch die Festlegung von Qualitätspolitik und Qualitätszielen in Übereinstimmung mit der strategischen Ausrichtung der Einrichtung gehören."

„Ich verstehe. Dann aber auch die Integration der QMS-Anforderungen in die Geschäftsprozesse der Einrichtung."

„Und?"

„Natürlich auch die Bereitstellung der erforderlichen personellen und materiellen Ressourcen zur Umsetzung des QM-Systems."

„Klar, von nichts kommt nichts. Das heißt, es geht auch um die richtige Vermittlung der Bedeutung eines wirksamen Qualitätsmanagements und dessen Erfüllung. Und auch um die Sicherstellung, dass die beabsichtigten Ergebnisse erzielt werden."

„Müsste sich denn die Reha-Einrichtungsleitung nicht auch dazu verpflichten, die Anforderungen von Patienten, Leistungsträgern und weiteren Interessenspartnern zu erfüllen?"

„Ja, eigentlich wäre das doch wohl selbstverständlich."

„Aber?"

„Ich haben da so meine Zweifel, ob dem wirklich alle Geschäftsführungen von Reha-Kliniken entsprechen."

„Gut, in jedem Fall sollte die Einrichtung die Regeln beschrieben haben, nach denen die verschiedenen Interessenlagen der Reha-Beteiligten abgestimmt werden."

„Dazu gehört ja vor allem wohl auch die Bestimmung und Erfüllung der Kundenanforderungen."

„Unbedingt, und auch hinsichtlich der Reha-Therapiestandards der DRV bei einer Knie-TEP."

„Wünschenswert wäre natürlich auch eine Fokussierung auf die Verbesserung der Kundenzufriedenheit oder die Teilnahme an den relevanten externen Qualitätssicherungsverfahren."

„Plus Verantwortung der Einrichtungsleitung, dass die gesetzlichen und behördlichen Anforderungen strikt befolgt werden."

„Was könnte hierunter fallen?"

„Zum Beispiel Hygiene, Medizinprodukte, Datenschutz oder Arzneimittelsicherheit."

„Wie könnte man alle hier angesprochenen Punkte kurz zusammenfassen?"

„Dies alles erfolgt zum Beispiel im Rahmen von Einrichtungskonzept, Rehakonzept, Leitbild, Qualitätszielen, Schulungen von Mitarbeitern, Beurteilungen in der Managementbewertung oder Audit-Überprüfungen."

Viele Probleme haben ihre Ursache darin, dass sich das Ausbalancieren zwischen Denken und Fühlen, Wertvorstellungen und

Verhaltensweisen nicht (mehr) im Gleichgewicht befindet. Die heutige Zeit gilt als das von rationalem Denken beherrschte wissenschaftliche Zeitalter.

Salve, lieber HOLA-Weggefährte,
Nichts ist mehr so wie es war

wenn wir einmal die allgegenwärtige KI fragen würden......

Wenn Rationalität als das Maß aller Dinge gilt, gilt das auch dann, wenn man sich für eine Therapie in einer bestimmten Reha-Klinik entscheiden soll?

Rationalität spielt sicherlich eine wichtige Rolle, wenn es darum geht, eine fundierte Entscheidung über eine Therapie oder eine bestimmte Reha-Klinik zu treffen. Es gibt jedoch verschiedene Faktoren, die bei der Wahl berücksichtigt werden müssen, und nicht alle können rein rational abgewogen werden.

Rationale Faktoren könnten sein:

1. **Spezialisierung der Klinik:** Welche Art von Behandlungen bietet die Klinik an, und passt dies zu den eigenen Bedürfnissen?
2. **Qualität der Versorgung:** Bewertungen und Erfahrungen anderer Patienten, wissenschaftlich fundierte Therapieansätze, Qualifikation des Personals.

3. **Lage und Erreichbarkeit:** Wie leicht ist die Klinik zu erreichen, und wie wirkt sich dies auf den Therapieerfolg aus?
4. **Kosten und Versicherungsleistungen:** Welche finanziellen Aspekte sind zu berücksichtigen, und wird die Behandlung von der Krankenkasse übernommen?

Nicht-rationale, aber wichtige Faktoren:

1. **Wohlbefinden und persönliche Präferenzen:** Wie fühlt man sich in der Klinik? Der persönliche Eindruck, den man von einem Ort oder den Menschen dort gewinnt, kann ebenfalls eine wichtige Rolle spielen.
2. **Empathie und menschliche Unterstützung:** Die zwischenmenschliche Beziehung zu den Therapeuten und dem Personal ist oft entscheidend für den Heilungsprozess, auch wenn sie sich nicht immer objektiv messen lässt.
3. **Umgebung und Atmosphäre:** Wie fühlt man sich in der Umgebung der Klinik? Manche Menschen bevorzugen eine ruhige und naturnahe Umgebung, die das subjektive Wohlbefinden fördert.

Rationalität kann also als Werkzeug dienen, um wichtige Informationen zu sammeln und Entscheidungen zu strukturieren. Letztlich spielen aber auch emotionale und subjektive Faktoren eine Rolle, die genauso wichtig sein können.

Geschichten über Gespräche zwischen Patienten, die darüber berichten, wie sie sich jeweils gerade aktuell in ihrer Reha-Klinik fühlen

In einer Reha-Klinik, irgendwo auf dem Land, trafen sich jeden Morgen die Patienten in der Cafeteria, um sich bei Kaffee und Tee über ihre neuesten "Erfolge" auszutauschen. Da saßen sie dann, jeder mit seinen eigenen Wehwehchen und einem erstaunlichen Vorrat an Humor. An einem besonders sonnigen Tag begann das Gespräch wieder einmal mit der Frage, die hier fast schon zum Ritual geworden war: „Na, wie geht's heute?"

Herr Meier, ein rüstiger Rentner mit einer Knieprothese, grinste verschmitzt: „Also, ich habe ja heute eine neue persönliche Bestleistung aufgestellt! Zwei Stunden auf dem Ergometer – und das alles in meiner Vorstellung! In der Realität waren es dann doch eher 10 Minuten. Aber hey, die Gedanken zählen doch, oder?"

Frau Schulze, die für ihre Rückenprobleme in der Reha war, lachte laut auf: „Ach, Herr Meier, 10 Minuten sind doch besser als nichts! Ich war gestern zur Massage und habe danach glatt vergessen, warum ich eigentlich Rückenschmerzen habe. Das Problem: Ich konnte mich danach nicht mehr aus dem Massagestuhl erheben. Der Masseur meinte nur: 'Das ist normal, Frau Schulze. Sie sind einfach tiefenentspannt!' Nun, ich war so entspannt, dass ich erst mal eine halbe Stunde festhing."

Da meldete sich Herr Müller, der wegen seines Bandscheibenvorfalls da war. Er schmunzelte: „Ach, das ist ja noch gar nichts! Gestern hatte ich meine erste Hydrotherapie. Das klang erstmal ganz harmlos, aber dann kam die Realität: Ich sollte im Wasser gegen so einen Strom schwimmen. Klingt leicht, dachte ich – bis ich gemerkt habe, dass ich eigentlich die ganze Zeit

rückwärts schwimme, weil der Strom stärker war als ich! Am
Ende habe ich mehr Wasser getrunken als geschwommen. Aber
immerhin, die Flüssigkeitszufuhr war gesichert."

Frau Lehmann, die wegen ihrer Schultern in der Klinik war,
nickte mitfühlend und erzählte von ihrem letzten Erlebnis in der
Gruppentherapie: „Ihr wisst ja, ich habe diese Schulter-Übun-
gen. Der Therapeut hat uns gestern alle im Kreis sitzen lassen
und gesagt: 'So, jetzt Arme hoch und dann nach links und rechts
schwingen!' Ich habe es tapfer versucht, aber es fühlte sich eher
an, als würde ich eine besonders dramatische Pantomime aufführen. Ich sah aus, als wollte ich fliegen – leider nur nicht in
die gewünschte Richtung. Die Therapeuten nennen das 'Koordi-
nationstraining', ich nenne es 'fliegender Pinguin'."

Frau Schmidt, die neu in der Runde war und wegen einer Hüft-
operation da war, hörte all dem zu und lächelte scheu. „Also, ich
muss sagen, nach allem, was ihr erzählt habt, freue ich mich
schon auf meine erste Wassergymnastik morgen. Vielleicht
komme ich ja auch ohne Taucherbrille aus!"

Die Runde lachte und Herr Meier klopfte auf den Tisch: „Ach,
Frau Schmidt, keine Sorge, wir alle hatten hier schon unsere
großen und kleinen Momente der Reha-Erkenntnis. Ich sage immer: Solange wir noch über uns selbst lachen können, sind wir
auf dem richtigen Weg!"

Mit diesem Motto tranken alle gemeinsam ihren Kaffee aus und
bereiteten sich auf einen weiteren Tag voller Physiotherapie,
Wassergymnastik und schräger Übungen vor. Denn eines war
sicher: In dieser Reha-Klinik wurde nicht nur der Körper, sondern auch der Humor trainiert!

In einer anderen Reha-Klinik saßen einige Patienten nach ihren täglichen Übungen zusammen im Aufenthaltsraum. Es war eine bunt gemischte Gruppe, und jeder hatte seine eigene Geschichte, aber eines hatten sie gemeinsam: Sie hatten alle Schmerzen, über die sie zu klagen wussten – und taten dies mit einer ordentlichen Portion Humor.

Peter, der sich gerade von einer Knie-OP erholte, lehnte sich zurück und sagte: „Also, ich sag's euch, Leute. Mein Knie fühlt sich heute an, als wäre es in einen Mixer geraten. Es quietscht, knackt und will einfach nicht mehr so, wie ich will."

Neben ihm saß Sabine, die seit Monaten mit einem Bandscheibenvorfall kämpfte. Sie hob die Augenbrauen und meinte trocken: „Wenigstens kannst du dein Knie hören. Mein Rücken spricht seit Wochen kein Wort mit mir. Stille. Absolute Funkstille. Als wäre er beleidigt."

„Ach, Rückenprobleme sind nichts", winkte Ralf, der mit einer Schulterverletzung zu kämpfen hatte, ab. „Ich kann meine Arme nicht mehr über den Kopf heben. Wollte neulich eine Fliege verjagen – hab ihr einfach freundlich zugewinkt, weil mehr nicht drin war."

An der anderen Seite des Raumes lachte Susanne laut auf, die ihre Hüftprothese mit Humor nahm. „Wisst ihr, was das Beste an meiner neuen Hüfte ist? Ich klinge jetzt wie ein wandelndes Metronom. Jedes Mal, wenn ich gehe, macht es ‚klick, klick, klick'. Ich sollte dafür Geld verlangen – ich könnte den Takt für eine Marschkapelle vorgeben!"

Peter grinste breit. „Na dann, wie wäre es mit einer Band? Wir nennen uns die ‚Knackenden Knochen'. Ich übernehme das Knie-Schlagzeug, Susanne gibt den Takt an, Ralf winkt dem Publikum zu und Sabine… nun ja, Sabine sitzt einfach cool da und schaut grimmig aus."

Sabine schüttelte den Kopf, musste aber lachen. „Genau, ich bin der ernste Typ in der Band, der nur für die tiefgründigen Interviews zuständig ist."

„Und was machen wir mit dir, Martin?", fragte Ralf den Mann, der in einer Ecke leise vor sich hin schnaufte.

Martin, der mit einer hartnäckigen Achillessehnenverletzung kämpfte, verzog das Gesicht und sagte: „Ich könnte als Maskottchen auftreten. Ich springe einfach mit einem Bein auf der Bühne herum und halte Schilder hoch, wie zum Beispiel: ‚Tut weh, aber lustig!'"

Die Runde brach in schallendes Gelächter aus. Trotz aller Schmerzen und Beschwerden hatten sie eines gemeinsam gefunden: ihren Humor. Und so saßen sie noch lange zusammen, tauschten Geschichten aus und lachten über ihre Leiden – in der Hoffnung, dass Lachen wirklich die beste Medizin war.

KI Ende

Ohne ein Roboter zu sein, könnte man als Mensch vielleicht meinen:

Fiktive Dialoge - ein paar Stunden Intensivcoaching
Denkanstöße
Wissensmanagement
Storytelling
Content
Inspiration
Diskurs
DecisionSupport
Gehirntraining - wenn es gut werden soll
Verstehen lernen
Vernetzt denken
Potenziale ausschöpfen
Komplexität reduzieren
Gestaltbar machen
Wissen transferieren
Proaktiv agieren

Executive Coaching
Denkstudio für strategisches Wissensmanagement

„Rationalität gilt als das Maß aller Dinge?"
„Ein intuitives Wissen, das zwar genauso zuverlässig und gültig
sein kann, wird eher abschätzig bewertet."
„?"

*Die mechanistische Sicht der Welt bildet die Grundlage des All-
tags, Robotisierung und Industrie 4.0 sind allseits bekannte Aus-
drucksformen hiervon. Viele Systeme (beispielsweise das der*

Ökologie) funktionieren nur so lange, so lang sie in einem dyna-
mischen Gleichgewicht (welches auf Zyklen und kontinuierlichen
Schwankungen beruht) gehalten werden.

„Genauso wenig wie aus einer guten Sache nicht automatisch eine
bessere wird, wenn man ihr noch mehr Gutes hinzufügt, genauso
wenig wird unbegrenztes wirtschaftliches und technologisches
Wachstum über alle Zeiten hinweg als rein lineares Geschehen
möglich sein. "

Zwar können Menschen eine sanfte Landung von Raumsonden
auf fernen Planeten, Kometen oder Asteroiden bewerkstelligen,
sind aber trotzdem nicht einmal dazu in der Lage, den Ausstoß
von giftigen Schadstoffen abzustellen.

„Und auch im deutschen Gesundheitssystems gibt es unglaublich
viele unerfüllte Bedürfnisse", sagte Gesundheitsmanager Bodo
Helmholz.
„Wobei dies gleichzeitig ein riesiger Markt mit über 80 Millionen
Menschen ist", pflichtet ihm Wirtschaftsförderung Petra Messer
sofort bei.
„Richtig, genau diese beiden Faktoren sind es doch, die das Ge-
sundheitswesen so attraktiv machen."
„Was man schon daran sieht, dass nun auch internationale Tech-
Riesen in diesen Markt drängen."
„Was auf den ersten Blick ja auch gar nicht so verkehrt ist."
„Warum?"

„Weil Angebote entstehen, die für Versicherte und Patienten attraktiv sind."

„Was auf den zweiten Blick aber auch durchaus mit Gefahren verbunden ist."

„Welche denn, zum Beispiel?"

„Dass Menschen zu ihren gesundheitlichen Problemen erst einmal Alexa oder Siri befragen."

„Und, wäre das so schlimm? Wenn die dann gleich eine mögliche Diagnose offerieren und gleichzeitig noch den besten Spezialisten hierfür nennen?"

„Wenn sie mir dann auch noch gleich einen Termin machen und ein Taxi rufen – das wäre ein perfekter Rundumservice."

„Nur gibt es in diesem Szenario ein Problem."

„Und welches?"

„Es würde genauso wie etwa bei Hotelportalen nicht nur strikt nach Qualität, sondern auch nach ökonomischen Gesichtspunkten gesteuert werden."

„Das heißt, nicht das Wohl des Patienten steht im Vordergrund, sondern ökonomische Interessen?"

Für eine Systemtheorie sind alle Phänomene miteinander verbunden und voneinander abhängig. Man hat ein integriertes Ganzes vor sich, wenn dessen Eigenschaften nicht mehr auf die seiner Teile reduziert werden können.

„Man könnte meinen, Komplexität dadurch verstehen zu können, wenn man sie auf ihre Grundbausteine reduziert und nach dem

Mechanismus sucht, der diese Einzelteile zusammenwirken lässt."

„Diese Denkweise der Reduktion ist zwar in vielen Lösungsansätzen fest verankert, muss aber nicht zwangsläufig zum Erfolg führen."

„?"

Flexible (moderne) Arbeitsformen sind vorwiegend projektorientiert und vom traditionellen Büroarbeitsplatz weitgehend entkoppelt. Projektmanagement ist mehr als Zeit- und Kostenschätzung oder Ressourcenmanagement: es ist die Anwendung von Fertigkeiten, Werkzeugen und Methoden für die Projektziele, vor allem aber die Anwendung von Wissen.

„Das Suchen nach Wissen hört aber nicht bei den dokumentierten Informationen auf, sondern geht darüber hinaus."
„Zwar ist Wissen der einzige Rohstoff, der durch Anwendung vermehrt werden kann. Aber auch dieser Rohstoff muss zuerst entwickelt und erworben werden."
„Dabei ist Wissen ja nicht nur das, was irgendwo dokumentiert ist und das man an seinen Lagerstellen suchen und finden muss."
„?"

Social Media verändert die Art und Weise von Arbeit: nicht nur als Trend, sondern grundsätzlich und nachhaltig. Man muss somit dorthin gehen, wo das Wissen ist: denn manchmal findet es

sich nur in den Köpfen von Experten und Kollegen. Die dokumen-
tenbasierte Suche muss also um die Suche von personenbezoge-
nen Wissensträgern ergänzt werden.

„Es geht darum, die Welt so einfach wie möglich und gleichzeitig
so genau wie nötig abbilden zu können."
„?"
„Wo bisher vielleicht nur rein dokumentenbezogen gesucht
wurde, müssen Informationen immer häufiger auch auf semanti-
scher Basis gesucht werden."
„?"
„Die semantisch basierte Suche hat den Anspruch, über rein formale Übereinstimmungen hinaus tatsächlich das zu verstehen,
wonach eigentlich gesucht wird."
„?"
„Dabei werden zwar deutlich weniger Treffer erzielt, die Relevanz der Treffer aber steigt dafür deutlich an."
„?"

Grundlage sind Analysen anhand von (über Verknüpfungen von
strukturierten Daten hergestellte) Sinnzusammenhängen. Die
hinter all diesem stehenden Instrumente reichen von Keyword-
basierten Verfahren über assoziativ/ statische und semantische
Verfahren bis zu dynamischen Entscheidungsbäumen.

„Niemand kann es sich heute noch leisten, dass seine unter Umständen wertvollen Standortressourcen unentdeckt und damit un-
brauchbar bleiben", sagte Wirtschaftsförderin Petra Messer.

„Dem kann ich nur zustimmen", sagte Standortbeobachter Torsten Schröder. "Und dabei kann heute allgemein eher über zu viel als zu wenige Informationen verfügt werden."

„Was fehlt, ist die Fähigkeit, Transparenz in diese komplizierte Standortwelt zu bringen."

„Das heißt, alle Standortfaktoren umfassend zu identifizieren."

„Womit feststeht, dass Reha-Kliniken ohne Wenn und Aber dazu gehören."

„?"

„Sollte man nicht darauf achten, dass auch Reha-Einrichtungen über ein festgelegtes Leitbild verfügen?"

„Na klar, und dies nicht nur so einfach daher gesagt, sondern auch in Form einer auch für Dritte nachvollziehbaren Dokumentation."

„Und!"

„Ja was?"

„Aus der unmissverständlich hervorgeht, dass die gesamte Führung der Einrichtung für die Umsetzung des Leitbildes in der Alltagspraxis verantwortlich ist,"

„Ansonsten wäre ein solches Leitbild ja auch nicht einmal das Papier wert, auf dem es steht."

„Obwohl man das manchmal nicht ausschließen kann."

„Echt nicht?"

„Nee, ich kenne Fälle, in denen die Führung einer Reha-Klinik der Meinung zu sein scheint, mit dem Druck eines Hochglanz-Hausprospektes ihren Pflichten bereits voll entsprochen zu haben."

„Meistens sind das diese Beliebigkeits-Leitbilder."

„Ja genau, so, als hätte einer vom anderen nur abgeschrieben."

„Okay, leider ist das nun mal so. Was sollte denn in einem solchen Reha-Leitbild eigentlich drinstehen?"

„Zunächst einmal sollten darin grundsätzliche Werthaltungen und Ziele der Einrichtung festgelegt werden."

„Und weiter?"

„Wird das Leitbild wesentlich bestimmt durch das Einrichtungskonzept, dessen theoretisch-wissenschaftlichen Kontext, das Indikationsspektrum und das zugehörige Behandlungs-programm."

„Sollten denn nicht auch die Patienten als Kunden der Reha-Einrichtung explizit erwähnt werden?"

„Ja, zumindest einmal in Form der Teilhabeorientierung am Reha-Prozess."

„Müsste das Leitbild nicht auch den Patienten, Kooperationspartnern, Interessenten kommuniziert werden?"

„Klar, ansonsten macht die ganze Sache doch keinen Sinn."

„Und wie steht es hier mit Mitarbeitern und vor allem der Öffentlichkeit?"

„Diese Gruppen müssen ganz besonders im Fokus stehen."

„Welche Informationskanäle wären denn hierfür geeignet?"

„Relativ einfach zu bewerkstelligen wäre die Veröffentlichung auf der Homepage."

„Und wie sonst noch?"

„Eine Veröffentlichung im Qualitätsbericht."

„Schön wär's. In der FOCUS-Liste der angeblich besten Reha-Kliniken Deutschlands gibt es welche, die eine Einsichtnahme in ihren Qualitätsbericht verweigern."

„Und das sollen wirklich die Besten sein?"

„Na, jedenfalls nach Meinung eines Wirtschaftsmagazins wie FOCUS."

„Nicht zu glauben, aber so ist das leider."

Salve, lieber HOLA-Weggefährte,
Nichts ist mehr so wie es war

wenn wir einmal die allgegenwärtige KI fragen würden......

Was kann KI dazu beitragen, für mich die beste Rehaeinrichtung auszusuchen?

Können digitalisierte Wissensmaschinen neues Wissen erzeugen?

Antworten für Sie werden generiert...

Künstliche Intelligenz (KI) kann auf verschiedene Weise helfen, die beste Rehaeinrichtung für dich auszuwählen:

1. **Personalisierte Empfehlungen**: KI kann deine medizinische Geschichte, Bedürfnisse und Präferenzen analysieren und dir basierend auf diesen Daten personalisierte Empfehlungen geben[1].
2. **Datenanalyse**: Durch die Analyse von Bewertungen, Erfolgsraten und anderen relevanten Daten kann KI die

Qualität und Eignung verschiedener Rehaeinrichtungen bewerten[1].

3. **Virtuelle Assistenten**: KI-basierte Assistenten können dir helfen, Fragen zu beantworten und dich durch den Auswahlprozess zu führen[1].

Zu deiner zweiten Frage: Ja, digitalisierte Wissensmaschinen können tatsächlich neues Wissen erzeugen. Sie nutzen Algorithmen und große Datenmengen, um Muster zu erkennen und daraus neue Erkenntnisse abzuleiten[2]. Diese Systeme können beispielsweise in der Forschung eingesetzt werden, um Hypothesen zu generieren oder neue Zusammenhänge zu entdecken[2].

Kannst du mir einige Kriterien für die Auswahl einer Rehaeinrichtung nennen?

Antworten für Sie werden generiert…

:

Natürlich! Hier sind einige wichtige Kriterien, die du bei der Auswahl einer Rehaeinrichtung berücksichtigen solltest:

1. **Spezialisierung**: Achte darauf, dass die Einrichtung auf die Art der Rehabilitation spezialisiert ist, die du benötigst (z.B. orthopädisch, neurologisch, kardiologisch).
2. **Qualität und Ruf**: Informiere dich über die Erfolgsraten und den Ruf der Einrichtung. Bewertungen und Erfahrungsberichte anderer Patienten können hilfreich sein.
3. **Ausstattung und Angebote**: Prüfe, ob die Einrichtung moderne medizinische Geräte und umfassende Therapieangebote hat, die deinen Bedürfnissen entsprechen.

4. **Personal**: Die Qualifikation und Erfahrung des medizinischen Personals sind entscheidend. Ein gut ausgebildetes Team kann den Reha-Erfolg maßgeblich beeinflussen.
5. **Lage und Umgebung**: Die Lage der Einrichtung kann ebenfalls wichtig sein. Eine ruhige und angenehme Umgebung kann den Heilungsprozess unterstützen.
6. **Kosten und Versicherungsdeckung**: Kläre im Voraus, welche Kosten von deiner Versicherung übernommen werden und ob es zusätzliche Kosten gibt.
7. **Nachsorge**: Informiere dich, ob die Einrichtung auch Nachsorgeprogramme anbietet, um den langfristigen Erfolg der Rehabilitation zu sichern.

Was sind die Erfolgsraten bei verschiedenen Rehaeinrichtungen?

Antworten für Sie werden generiert...

Die Erfolgsraten von Rehaeinrichtungen können je nach Spezialisierung, Qualität der Behandlung und individuellen Patientenbedürfnissen variieren. Hier sind einige allgemeine Informationen, die dir helfen können:

1. **Behandlungsqualität**: Viele Rehaeinrichtungen werden anhand der Behandlungsqualität bewertet, die oft durch Patientenbefragungen und Qualitätssicherungsverfahren der Krankenkassen und Rentenversicherungen ermittelt wird[1].
2. **Patientenzufriedenheit**: Ein wichtiger Indikator für den Erfolg einer Rehaeinrichtung ist die Zufriedenheit der Patienten. Diese wird häufig durch wissenschaftliche

Methoden erfasst und kann dir einen guten Eindruck von der Qualität der Betreuung geben[2].

3. **Spezialisierung und Ausstattung**: Einrichtungen, die auf bestimmte Rehabilitationsarten spezialisiert sind und über moderne medizinische Geräte verfügen, haben oft höhere Erfolgsraten[2].

4. **Qualitätsbewertungen**: Plattformen wie DAS REHAPORTAL bieten umfassende Bewertungen und Qualitätsindizes, die auf verschiedenen Dimensionen wie Behandlungsqualität, Patientensicherheit und Organisationsqualität basieren[1]

Fazit:

1. Personalisierte Empfehlungen

KI kann basierend auf deinen individuellen Gesundheitsdaten, Präferenzen und Anforderungen (wie z. B. Art der Verletzung, benötigte Therapien, Lage, Bewertungen) personalisierte Empfehlungen geben. Sie kann Gesundheitsdaten analysieren, um herauszufinden, welche Reha-Einrichtungen die besten Ergebnisse für ähnliche Patienten erzielt haben.

2. Vergleich von Einrichtungen

KI kann automatisch Informationen zu verschiedenen Reha-Einrichtungen sammeln und analysieren, wie z. B. Bewertungen, Angebote, Erfolgschancen, Therapieansätze und Qualifikation des Personals. Dadurch kannst du schnell und effektiv eine Übersicht erhalten und die Optionen vergleichen.

3. Analyse von Patientenfeedback

Durch die Verarbeitung von Patientenbewertungen und Erfahrungsberichten kann KI die Zufriedenheit von Patienten in verschiedenen Einrichtungen auswerten. Sie kann Muster erkennen, die dir helfen, eine fundierte Entscheidung zu treffen.

4. Kostenoptimierung

KI könnte auch die Kosteneffizienz analysieren, indem sie Versicherungspläne, Kosten der Einrichtungen und mögliche Rückerstattungen berücksichtigt, um eine finanziell tragbare Option zu finden.

5. Prognose der Genesung

Durch den Vergleich von Daten aus ähnlichen Fällen kann KI vorhersagen, wie lange deine Rehabilitation in bestimmten Einrichtungen dauern könnte und welche Einrichtungen die besten Heilungschancen für dein spezifisches Problem bieten.

Können digitalisierte Wissensmaschinen neues Wissen erzeugen?

Digitalisierte Wissensmaschinen, wie KI-Systeme, erzeugen **kein neues Wissen** im Sinne von originären Entdeckungen, wie es Wissenschaftler tun. Sie basieren auf existierendem Wissen und können dieses sehr effizient verarbeiten, verknüpfen und darauf aufbauend neue Einsichten liefern.

Hier ein paar Beispiele, wie KI zur Wissensgenerierung beiträgt:

1. **Mustererkennung und neue Hypothesen** KI kann große Datenmengen analysieren und Muster entdecken, die Menschen möglicherweise übersehen. Diese Muster können neue Hypothesen aufstellen, die dann von Menschen untersucht werden müssen.
2. **Wissensverknüpfung** KI kann Informationen aus verschiedenen Disziplinen kombinieren, um neue Erkenntnisse zu schaffen. Zum Beispiel könnte sie biomedizinische Daten mit Umweltfaktoren verknüpfen, um neue Zusammenhänge zu erkennen.
3. **Optimierung bestehender Prozesse** KI kann durch das Erkennen von Optimierungspotenzial neue Methoden oder Ansätze vorschlagen, die effizienter oder erfolgreicher sind.
4. **Automatisierte Forschung** In einigen wissenschaftlichen Bereichen, wie der Medikamentenentwicklung, kann KI Simulationen durchführen, um neue chemische Verbindungen zu entdecken oder bessere Wirkstoffkombinationen vorzuschlagen, was in gewissem Maße als "neues Wissen" angesehen werden könnte.

Letztlich bleibt die Rolle der KI unterstützend und beschleunigend, während der kreative Prozess der Wissensgenerierung weiterhin stark von menschlichem Input abhängt.

KI Ende

Ohne ein Roboter zu sein, könnte man als Mensch vielleicht meinen:

Fiktive Dialoge - ein paar Stunden Intensivcoaching
Denkanstöße
Wissensmanagement
Storytelling
Content
Inspiration
Diskurs
DecisionSupport
Gehirntraining - wenn es gut werden soll
Verstehen lernen
Vernetzt denken
Potenziale ausschöpfen
Komplexität reduzieren
Gestaltbar machen
Wissen transferieren
Proaktiv agieren

Executive Coaching
Denkstudio für strategisches Wissensmanagement

So wie damals die Dampfmaschine das Ausüben von Arbeitskraft verstärkt hat, so erweitert heute der Computer die Möglichkeiten, Wissen aufzufinden. Das Starten einer digitalen Suchmaschine zur Erschließung von Wissen im Internet geht schneller und leichter als die Befragung eines Experten. Die Welt wird quasi am Bildschirm lesbar, das Wirkliche zum Bestand gemacht.

„Die Automatisierung von Expertenwissen bringt in einer informationsüberfluteten Gesellschaft Vorteile."

„?"

„Aber so wenig, wie Menschen vollständig von Dampfmaschinen abgelöst wurden, so wenig wird man auch trotz Internet auf Experten verzichten können."

„Aber weil jeder Wissen googeln kann, bleibt eben auch nicht alles so wie es ist."

„Auch Experten, Journalisten, Ärzte oder Lehrer stehen mitten im Wandel der Digitalisierung."

„?"

„Die Autorität von Experten basiert jetzt aber weniger auf dem Umstand, mehr zu wissen."

„?"

„Als vielmehr darauf, den strukturellen Überblick zu besitzen, um neues Wissen angemessen und sachgerecht bewerten und einordnen zu können."

„Zwar automatisieren Suchmaschinen das Finden von Wissen."

„Aber?"

„Nicht aber seine Produktion."

„Die Entwicklung aber steht nicht still?"

„Nein, digitalisierte Wissensmaschinen können aus Daten vollautomatisch neues Wissen errechnen, Algorithmen können Suchtexte zu Fließtexten verarbeiten, anstelle von Menschen schreiben Rechner. „

„Nicht alles Wissen dieser Welt wird aber nur von Menschen gedacht und aufgeschrieben, sondern aus verschiedenen Datensätzen neu zusammengefügt und errechnet werden?"

„Die gute Seite daran: die Vernetzung von Datensätzen, bisher eine dem Menschen vorbehaltene Tätigkeit, kann ausgelagert werden, das Gehirn entlasten."

„Um zum Beispiel Freiraum für Neues, Kreatives zu ermöglichen?"

„Mancher mag sich vielleicht die Frage stellen, ob eine Informationsgesellschaft an zu vielen Informationen ersticken kann."

„?"

Was einst mit Lust am Experiment mit Digitalem begann, hat mit großer Wucht Lebensgewohnheiten ganzer Gesellschaften verändert. Print versus Online ist fast eine Glaubensfrage: Greifbares gegen Flüchtiges, Qualität und Gründlichkeit gegen möglichst schnell Dahingeworfenes.

„Im Gesundheitswesen müssen alle Beteiligten, Krankenkassen und Leistungserbringer und, und. und, zusammenarbeiten, meint Consultant-Manager Robert Brent.

„Ein wichtiger Punkt hierbei ist die Einführung einer einheitlichen Patientenakte", ergänzt KV-Sachbearbeiterin Inge Bassermann.

„Eine Grundlogik ist aber immer, dass die Daten ausschließlich dem Versicherten gehören,"

„Richtig, nur er bestimmt, wer darauf Zugriff hat."

„Der Vorteil ist vor allem, dass in der Akte die komplette Gesundheitshistorie eines Patienten gebündelt ist."

„Was ein enormes Potenzial hat, die gesamte Gesundheits-versorgung zu verbessern und zum Besseren zu verändern."

„Wobei man sein Augenmerk nicht ausschließlich auf die Gesundheitssysteme richten sollte."

„Sondern?"

„Auch das intensiv beobachten, was in anderen Industrien passiert."

„Zum Beispiel?"

„Seien das nun Prozesse in der Autoindustrie oder der Einsatz von KI in der Klimaforschung."

„Um aus diesen Konzepten auch für das Gesundheitswesen zu lernen?"

„Ja sicher, warum nicht. Die großen Systemveränderer werden wahrscheinlich aber nicht aus dem Gesundheitssystem, und schon gar nicht von den Verantwortlichen für Reha-Prozesse, kommen."

„Sondern?"

„Es werden Google, Apple und andere sein. Aber wenn man noch selbst etwas gestalten will, denn wäre der Zeitpunkt jetzt sofort!"

Medial betrachtet ist bereits alles mehr oder weniger digital: noch nie konnten (durften) sich Autoren auf so vielfältige Weise mitteilen, komplexe Zusammenhänge ließen sich noch nie so anschaulich (Grafiken, Bilder, Videos, Animationen) darstellen.

„Die Angebotsexplosion dieser Vielfalt geht einher mit Gleichzeitigkeit: der Austausch von Wissen beschleunigt sich auf fast Lichtgeschwindigkeit."
„Wenn Informationen allein aufgrund ihrer schier unfasslichen Menge zu einer Art von Abfall geworden sind, weiß man kaum noch, was damit zu tun ist."
„?"

In einer Welt, in der in digitalen Netzwerken alle Aspekte gleichzeitig vorhanden und sofort abrufbar sind, in der jedermann sich seine eigenen Informationskanäle selbst konfiguriert, ist ein Kampf um Aufmerksamkeit entbrannt. Was nützen sorgfältige Recherchen, gut aufbereitete Informationen, durchdachte Auswertungen u.a., wenn sie sich in all dem Informationslärm des Online-Kosmos kein Gehör verschaffen können?

„Von klar definierten Zielen geht ein gewisser Druck aus, die eigenen Gedanken und Handlungen daraufhin auszurichten", sagte Consultant-Manager Robert Brent.
„Und wo gibt es hier eine Verbindung zu Reha-Zielen?", fragte Reha-Experte Martin Mitch.

„Durch die freie Wahl der Mittel zur Zielerreichung wird man quasi gezwungen, Handlungsfreiräume zu füllen und Eigeninitiativen zu entwickeln."

„Also, wenn überhaupt, könnte es auf den Reha-Prozess bezogen vielleicht um strategische Qualitätsziele gehen?"

„Richtig, genau die meine ich. Nämlich Vorgaben, auf deren Basis operative Qualitätsziele für Funktionen, Ebenen und Prozesse entwickelt werden."

„Das heißt, die auch im Einklang mit Qualitätspolitik und Leitbild stehen?"

„Ja, und die sowohl qualitativ als auch quantitativ messbar sein müssen."

„Die Frage, die dabei immer im Raum steht: Berücksichtigen die Qualitätsziele die Anforderungen der Patienten, Leistungsträger und anderen Interessenpartner?"

„Welche interessierten Parteien?"

„Na, beispielsweise niedergelassene Ärzte, ambulante Beratungs- und Behandlungsstellen, behördliche Stellen oder Kranken-häuser."

„Hierfür müssten dann allerdings auch dokumentierte Informationen vorliegen."

„Das sehe ich genauso. Die müssten dann auch umfassen: was getan wird, wer verantwortlich ist, wann die Qualitätsziele erreicht sein müssen oder wie die Ergebnisse bewertet werden."

„Der Erreichungsgrad der Reha-Qualitätsziele muss also regelmäßig überprüft werden?"

„Und natürlich müssen dann auch daraus gegebenenfalls geeignete Maßnahmen abgeleitet werden."

„Wobei dann durchgeführte Verbesserungsmaßnahmen ihrerseits auch wieder bewertet werden müssen."

„Ja, sicher doch."

Informationszyklen werden kürzer und kürzer: wenn hierbei nur noch in Sekundenbruchteilen gedacht wird, dürfte das Ergebnis Print versus Online bereits vorher feststehen. Allerdings auch mit erheblichen (oft sehr schlechten) Nebenwirkungen. Die digitale Revolution lässt sich nicht mehr umkehren: trotzdem laufen viele durch das Leben, als sei die Welt noch immer die alte.

„Die Schattenseiten dieser über alle hereinbrechenden Informationsschwemme: sie verzehrt Kräfte und lenkt Aufmerksamkeit ungefiltert in zahllose, teilweise auch fragwürdige Kanäle."

„Und?"

„Es schwinden Fähigkeit und Möglichkeiten des Einzelnen, derartige Informationsmengen zu beherrschen und zu verarbeiten."

„?"

„Das Immunsystem gegen Informationen scheint zusammengebrochen und funktioniert allenfalls noch eingeschränkt."

„Im Siliziumzeitalter der heutigen Zeit geht es an erster Stelle eben um Veränderung."

„?"

„Das Streben nach Bewahrung und Instandhaltung wird eher negativ oder, wenn überhaupt, an hinterer Stelle gesehen."

„Eine Welt in permanenter Umwälzung ist ohne eine gewisse Beständigkeit vielleicht nicht immer eine schöne Welt?"

„Die wirklich besten Rehaeinrichtungen wirken durch Verbesserung der Stärken und die Verminderung der Schwächen", stellt Wissensmanager Daniel Bruckmann fest.

„Das heißt, sie definieren ihre Leistungspaletten als Portfolios von Kernkompetenzen?", fragte Eigenverleger Egon Carstens.

„Und bauen diese stetig aus, wobei daraus die Kernprodukte entstehen, welche gleichsam als Früchte eines gesunden Baumes reiche Ernte bringen sollen."

„Sehr poetisch und plastisch ausgedrückt."

„Eine solche Kompetenzstrategie kann aber nur wählen und verfolgen, wer das Kompetenzpotenzial seiner Leistungen realitätsbezogen einschätzen kann."

„Und auch die Bereitschaft zu deren Förderung aufbringt."

„Heißt doch aber auch, dass den Herausforderungen des Gesundheitssystems nur die gewachsen sind, die es verstehen ihre Kernkompetenzen rasch zu einer Marktkraft zu bündeln und wirklich patientenzentrierte Gesamtlösungen anbieten?"

Salve, lieber HOLA-Weggefährte,

Nichts ist mehr so wie es war

wenn wir einmal die allgegenwärtige KI fragen würden......

Wie kann man als Kern für ein nachhaltiges Risikomanagement einen vernünftigen Ausgleich zwischen Aktivität und Passivität herstellen?

Diskussion von Experten über Risiko und Wahrscheinlichkeit:

In einem hell erleuchteten Konferenzraum sitzen mehrere Experten aus verschiedenen Branchen an einem großen ovalen Tisch. Das Thema des Tages: nachhaltiges Risikomanagement. Moderiert wird die Diskussion von Dr. Julia Neumann, einer angesehenen Wirtschaftsprofessorin. Die Diskussion dreht sich um das zentrale Problem, wie man einen Ausgleich zwischen aktivem Handeln und passivem Risikomanagement findet.

Dr. Neumann:
„Wir haben heute die Aufgabe, die richtige Balance zwischen Aktivität und Passivität im Risikomanagement zu finden. Wie können Unternehmen nachhaltig handeln und dennoch genügend Sicherheitsreserven aufbauen? Ich möchte gleich mit der Frage starten: Was ist die größte Herausforderung bei der Abwägung von Risiko und Wahrscheinlichkeit?"

Herr Müller (Experte für Versicherungen):
„Meiner Meinung nach liegt die größte Herausforderung in der Unvorhersehbarkeit. Wir können Wahrscheinlichkeiten für bestimmte Risiken berechnen, aber es gibt immer diesen 'Schwarzen Schwan' – das unerwartete Ereignis. Ein zu passives Management bedeutet, dass man eventuell nicht auf unvorhergesehene Katastrophen vorbereitet ist, während ein zu aktives Management zu teuren und unnötigen Maßnahmen führen kann."

Frau Schneider (Nachhaltigkeitsexpertin):
„Das ist ein interessanter Punkt, Herr Müller. Aber genau deshalb plädiere ich dafür, mehr in präventive Maßnahmen zu investieren. Unternehmen müssen aktiv werden, um Risiken wie Klimawandel oder Ressourcenknappheit zu mindern. Diese sind zwar schwer exakt vorhersehbar, aber ihre Wahrscheinlichkeit steigt kontinuierlich. Eine zu passive Haltung könnte uns langfristig teuer zu stehen kommen."

Dr. Weber (Statistiker):
„Ich möchte darauf hinweisen, dass die Wahrnehmung von Risiko oft verzerrt ist. Menschen neigen dazu, seltene, aber dramatische Ereignisse zu überschätzen und wahrscheinliche, aber weniger spektakuläre Risiken zu unterschätzen. Hier könnte ein verstärkt datengetriebenes Risikomanagement helfen. Wenn wir uns stärker auf statistische Modelle und Wahrscheinlichkeitsrechnungen stützen, könnten wir die richtige Balance finden."

Herr Müller:
„Aber auch statistische Modelle haben ihre Grenzen. Wir haben während der Finanzkrise gesehen, dass selbst die besten Modelle nicht ausreichen, wenn die zugrunde liegenden Annahmen

fehlerhaft sind. Es ist wichtig, immer eine gewisse Vorsicht walten zu lassen und nicht blind auf Modelle zu vertrauen."

Frau Schneider:
„Das stimmt, aber dennoch: Wenn wir die Wahrscheinlichkeit für bestimmte Risiken klar erkennen können, müssen wir darauf reagieren. Ich denke an den Bereich der Lieferketten. Ein passives Warten darauf, dass sie unterbrochen werden, anstatt aktiv zu diversifizieren, ist keine nachhaltige Strategie."

Dr. Weber:
„Wir sollten die statistischen Daten nicht als absolute Wahrheit sehen, sondern als Entscheidungshilfe. Es geht darum, Risiken nicht nur quantitativ, sondern auch qualitativ zu bewerten. Nehmen wir das Beispiel des Klimawandels: Wir wissen, dass das Risiko nicht nur eine Frage der Wahrscheinlichkeit ist, sondern der Auswirkungen. Nachhaltiges Risikomanagement bedeutet, diese Auswirkungen ebenfalls in die Gleichung aufzunehmen."

Herr Müller:
„Das bringt uns zu einem weiteren wichtigen Punkt: die Risikotoleranz eines Unternehmens. Einige Risiken kann man bewusst eingehen, weil die potenziellen Gewinne es rechtfertigen. In anderen Fällen, wie bei existenziellen Bedrohungen, muss man deutlich konservativer vorgehen. Wie bestimmt man also, wann Aktivität und wann Passivität der richtige Ansatz ist?"

Frau Schneider:
„Vielleicht ist es gar nicht so sehr ein Entweder-oder, sondern eine Frage des Zeitpunkts. In bestimmten Phasen eines Projekts oder einer Unternehmensentwicklung kann Aktivität angebracht sein, um sich auf Risiken vorzubereiten. In anderen Phasen,

etwa in stabilen Zeiten, kann Passivität in Form von Beobachtung und Analyse der richtige Ansatz sein."

Dr. Neumann:
„Das ist ein guter Punkt, Frau Schneider. Vielleicht liegt die Lösung darin, dass nachhaltiges Risikomanagement ein dynamischer Prozess ist, der sich ständig an veränderte Bedingungen anpasst. Unternehmen sollten sich nicht starr für einen aktiven oder passiven Ansatz entscheiden, sondern flexibel genug bleiben, um auf neue Risiken und Wahrscheinlichkeiten reagieren zu können."

Die Diskussion endet mit der Erkenntnis, dass ein nachhaltiges Risikomanagement immer im Kontext der jeweiligen Risiken und des unternehmerischen Umfelds betrachtet werden muss. Eine Balance zwischen Aktivität und Passivität kann nur durch kontinuierliche Überprüfung, Anpassung und eine tiefe Auseinandersetzung mit Risiko und Wahrscheinlichkeit gefunden werden.

Mathematische Methoden zur Berechnung von Risiko und Wahrscheinlichkeit:

Die Berechnung von Risiko und Wahrscheinlichkeit ist in vielen Bereichen, wie Statistik, Versicherung, Finanzen und Ingenieurwesen, von zentraler Bedeutung. Hier sind einige grundlegende mathematische Methoden zur Berechnung von Risiko und Wahrscheinlichkeit:

1. Grundlagen der Wahrscheinlichkeit

Die Wahrscheinlichkeit ist ein Maß für die Möglichkeit, dass ein bestimmtes Ereignis eintritt. Die Wahrscheinlichkeit $P(A)P(A)P(A)$ eines Ereignisses AAA liegt zwischen 0 (das Ereignis tritt nie ein) und 1 (das Ereignis tritt sicher ein). Die grundlegenden Formeln sind:

- **Wahrscheinlichkeit eines Ereignisses:**

  P(A)=Anzahl der gu¨nstigen Ausga¨ngeGesamtzahl der mo¨glichen Ausga¨ngeP(A) = \frac{\text{Anzahl der günstigen Ausgänge}}{\text{Gesamtzahl der möglichen Ausgänge}}P(A)=Gesamtzahl der mo¨glichen Ausga¨ngeAnzahl der gu¨nstigen Ausga¨nge

  Beispiel: Die Wahrscheinlichkeit, bei einem Würfel eine 4 zu würfeln, ist P(4)=16P(\text{4}) = \frac{1}{6}P(4)=61.

- **Komplementäre Wahrscheinlichkeit:**

  P(A⁻)=1−P(A)P(\overline{A}) = 1 - P(A)P(A)=1−P(A)

  Dies gibt die Wahrscheinlichkeit an, dass das Ereignis AAA nicht eintritt.

- **Addition von Wahrscheinlichkeiten (bei disjunkten Ereignissen):**

  P(A∪B)=P(A)+P(B)P(A \cup B) = P(A) + P(B)P(A∪B)=P(A)+P(B)

Dies gilt, wenn Ereignis AAA und BBB sich gegenseitig ausschließen (also nicht gleichzeitig eintreten können).

- **Multiplikation von Wahrscheinlichkeiten (bei unabhängigen Ereignissen):**

$P(A \cap B) = P(A) \times P(B)P(A \cap B) = P(A) \times P(B)P(B)P(A \cap B) = P(A) \times P(B)$

Wenn die Ereignisse unabhängig voneinander sind, wird die Wahrscheinlichkeit berechnet, dass beide eintreten.

2. Erwartungswert (Erwarteter Wert)

Der **Erwartungswert** (auch Mittelwert genannt) gibt den durchschnittlichen Ausgang eines Zufallsexperiments an, wenn es oft genug wiederholt wird. Er ist besonders nützlich, um langfristige Vorhersagen zu treffen.

- **Berechnung des Erwartungswertes:**

$E(X) = \sum i P(xi) \cdot xiE(X) = \sum_i P(x_i) \cdot x_iE(X) = i\sum P(xi) \cdot xi$

Hierbei ist $P(xi)P(x\_i)P(xi)$ die Wahrscheinlichkeit des Ergebnisses xix_ixi und xix_ixi das Ergebnis selbst.

Beispiel: Wenn man bei einem Würfelspiel 10€ gewinnt, wenn man eine 6 würfelt, und sonst nichts, beträgt der Erwartungswert $E(X)E(X)E(X)$:

E(X)=16×10+56×0=1,67 Euro.E(X) = \frac{1}{6}
\times 10 + \frac{5}{6} \times 0 = 1,67 \,
\text{Euro}.E(X)=61×10+65×0=1,67Euro.

3. Varianz und Standardabweichung

Die **Varianz** und **Standardabweichung** messen, wie stark die einzelnen Ergebnisse von ihrem Erwartungswert abweichen. Die Varianz gibt die durchschnittliche quadratische Abweichung vom Erwartungswert an, während die Standardabweichung die Wurzel der Varianz ist.

- **Varianz:** Var(X)=E[(X−E(X))2]\text{Var}(X) = E\left[(X - E(X))^2\right]Var(X)=E[(X−E(X))2]
- **Standardabweichung:** σ(X)=Var(X)\sigma(X) = \sqrt{\text{Var}(X)}σ(X)=Var(X) Diese Größen sind wichtig, um das Risiko zu bewerten, da sie die Unsicherheit in den Ergebnissen quantifizieren.

4. Risikoanalyse

Das **Risiko** wird oft als Kombination von Wahrscheinlichkeit und potenziellem Verlust (oder Schadenshöhe) definiert. In der formalen Analyse gibt es verschiedene Ansätze zur Risikoquantifizierung.

- **Erwartetes Risiko:** Ein allgemeiner Weg zur Quantifizierung von Risiko besteht darin, den **erwarteten Schaden** zu berechnen, was eine Kombination aus der Wahrscheinlichkeit eines unerwünschten Ereignisses und dessen potenziellen Konsequenzen ist:

Erwartetes Risiko=P(Ereignis)×Verlust bei Eintreten des Ereignisses\text{Erwartetes Risiko} = P(\text{Ereignis}) \times \text{Verlust bei Eintreten des Ereignisses}Erwartetes Risiko=P(Ereignis)×Verlust bei Eintreten des Ereignisses

Beispiel: Wenn die Wahrscheinlichkeit eines Brandes in einem Gebäude 0,01 (1 %) und der erwartete Verlust 100.000 Euro beträgt, ergibt sich ein erwarteter Schaden von:

0,01×100.000=1.000 Euro.0,01 \times 100.000 = 1.000 \, \text{Euro}.0,01×100.000=1.000Euro.

- **Value at Risk (VaR):** In der Finanzwelt ist der **Value at Risk (VaR)** eine Kennzahl, die das maximale potenzielle Verlustniveau bei einem bestimmten Konfidenzniveau innerhalb eines Zeitraums beschreibt. Es gibt an, wie viel man mit einer bestimmten Wahrscheinlichkeit verlieren könnte.

5. Monte-Carlo-Simulation

Die Monte-Carlo-Simulation ist eine numerische Methode, um komplexe Wahrscheinlichkeits- und Risikomodelle zu lösen. Hierbei werden Zufallsereignisse simuliert, um die Verteilung möglicher Ergebnisse zu analysieren.

- **Anwendung:** Bei der Monte-Carlo-Simulation werden viele zufällige Szenarien durchgespielt, um Wahrscheinlichkeitsverteilungen für verschiedene Ereignisse zu erhalten. Dies ist besonders nützlich bei der Modellierung

von Risiken in unsicheren Umgebungen, wie Finanz-
märkten oder technischen Systemen.

6. Bayessche Wahrscheinlichkeit

Die **Bayessche Wahrscheinlichkeit** nutzt vorherige Informationen, um die Wahrscheinlichkeit eines Ereignisses zu aktualisieren, wenn neue Daten vorliegen.

- **Bayes' Theorem:** $P(A|B)=P(B|A){\cdot}P(A)P(B)P(A|B) =$
  \frac{P(B|A) \cdot
  P(A)} {P(B)}$P(A|B)=P(B)P(B|A){\cdot}P(A)$ Dieses Theorem
  ist nützlich, um Wahrscheinlichkeiten zu berechnen,
  wenn Informationen über das Eintreten anderer Ereignisse vorliegen.

Zusammenfassung:

- **Wahrscheinlichkeit**: Grundlegende Wahrscheinlich-
  keitstheorie verwendet mathematische Regeln für die
  Berechnung von Wahrscheinlichkeiten von Ereignissen.
- **Erwartungswert** und **Standardabweichung** messen
  zentrale Tendenzen und Streuungen von Ergebnissen,
  die für die Bewertung von Risiko und Unsicherheit entscheidend sind.
- **Risikoanalyse** kombiniert Wahrscheinlichkeiten und potenzielle Verluste, um das erwartete Risiko zu quantifizieren.
- Komplexere Methoden wie die **Monte-Carlo-Simulation** und das **Bayes'sche Theorem** helfen dabei, Risiken
  in dynamischen und unsicheren Umgebungen zu modellieren.

KI Ende

Ohne ein Roboter zu sein, könnte man als Mensch vielleicht meinen:

Fiktive Dialoge - ein paar Stunden Intensivcoaching
Denkanstöße
Wissensmanagement
Storytelling
Content
Inspiration
Diskurs
DecisionSupport
Gehirntraining - wenn es gut werden soll
Verstehen lernen
Vernetzt denken
Potenziale ausschöpfen
Komplexität reduzieren
Gestaltbar machen
Wissen transferieren
Proaktiv agieren

Executive Coaching
Denkstudio für strategisches Wissensmanagement

Das Internet verändert die Art zu denken, die Technik der Informationserzeugung und Informationsverteilung, den Transfer von

Wissen insgesamt: Smartphone und Computer werden zum letzt-
instanzlichen Zugang zur „Realität". Realität ist quasi zum
Tauschobjekt in einer Welt der Miniaturbildschirme geworden.

„Den Einzelnen umgibt eine komplexe Welt der Technologie."
„Und auf dem glorifizierten Campus der Internetwelt ver-
schwimmt Wirklichkeit zu Orten der Utopie."
„Die direkte oder indirekte Verpflichtung, permanent online zu
sein, macht Menschen doch zu Dienern ihrer jederzeitigen Er-
reichbarkeit und Verfügbarkeit?"
„Ja, das digitale Zeitmanagement wird mehr und mehr fremdbe-
stimmt."
„Mit dem Absaugen von Daten aller Art an jedem Ort geht auch
ein Verlust der Kontrolle über das digitale Ich einher?"
„Überwachung wird eben jetzt als Sicherheit verkauft."
„Sichtbarkeit und totale Transparenz garantieren trotzdem bei
weitem noch keine Sicherheit."
„Und schon gar keine totale."
„Wie man es auch dreht und wendet: es sind beängstigende Ent-
wicklungen und zu wenige Menschen, die sich dagegen wehren."
„Und ob eine nächste Generation bereit und fähig sein wird, Fehl-
entwicklungen von heute zu korrigieren, bleibt dahingestellt."
„Die Phantasie von Schriftstellern und Autoren reicht hierzu doch
längst nicht mehr."
„?"
„Vieles von dem, was sie in irresten Träumen erdacht haben, exis-
tiert möglicherweise bereits."
„Oder bald."

„Den Verheißungen der Technik wird eben eher geglaubt als den möglichen hiermit einhergehenden Gefahren."

„Jeder scheint vollauf damit beschäftigt, die Herausforderungen der Kommunikationstechnik in seinem Alltag zu bewältigen."

„Die Gesellschaft braucht aber so etwas wie eine Firewall des Bewusstseins."

„?"

„Damit nicht alles was machbar ist auch gemacht wird."

„Die große Mehrheit ist aber überzeugt, man habe alles im Griff."

„Die Gefahr, dabei die Balance zu verlieren, wird deshalb nicht geringer?"

Personalbilanzen unterstützen Ausschöpfung von Wissens-potenzialen: eine der Hauptursachen, warum der Rohstoff „Wissen" trotz seines rasant steigenden Anteils an der Herstellung heutiger Produkte und Dienstleistungen bislang so wenig sicht- und greifbar gemacht wurde, liegt in der komplizierteren Bewertung und Messung immaterieller sogenannter „weicher" Faktoren begründet.

„Trotz zahlreicher Einzelaktivitäten im Zusammenhang mit dem Zukunftsrohstoff „Wissen" gibt es oft noch Lücken, die eine bestmögliche Ausschöpfung der in ihm steckenden Entwicklungspotentiale behindern."

„?"

„Insbesondere fehlt vielfach noch ein in sich schlüssiges Konzept und Instrument, mit dem sich alle Einzelkomponenten des Intellektuellen Kapitals vollständig und mit einheitlicher Systematik abbilden lassen."

„?"

Mit Hilfe von Personalbilanzen kann nicht nur das „Was-ist", sondern auch das „Was-sein-könnte" (Potenziale, Perspektiven) verdeutlicht werden. Im Wettbewerb um qualifizierte Fachkräfte spielen „weiche", oft als nicht bewertbar beurteilte Personalfaktoren dabei eine immer wichtigere Rolle.

„Risiko ist eine subtile, sich jederzeit verändernde Größe", sagte Wissensmanager Daniel Bruckmann."

„Und, die selbst bei gleichem Sachverhalt für verschiedene Personen durchaus unterschiedlich sein kann", fügte Reha-Experte Martin Mitch hinzu."

„Der Kern für ein nachhaltiges Risikomanagement liegt vielleicht darin, einen vernünftigen Ausgleich zwischen Aktivität und Passivität herzustellen."

„Und übrigens: hat denn die Reha-Klinik auch schon das Wissen ermittelt, das sie für die Erbringung ihrer Leistungen benötigt?"

„Welches Wissen denn?"

„Das Wissen, das über die formale Qualifikation und Kompetenz hinausgeht."

„Und zum Beispiel was beinhaltet?"

„Zum Beispiel das Kennen von tatsächlichen Zusammenhängen und dynamischen Wirkungsbeziehungen zwischen den verschiedenen Einfluss- und Erfolgsfaktoren einer Reha-Klinik."

„Geht's vielleicht auch etwas konkreter?"

„Kein Problem. Es geht um den Erfahrungsschatz der Mitarbeiter, ihre Kontakte, um Erfahrungen mit interessierten Parteien."

„Könnte es auch darum gehen, ob sich die Einrichtung Wissen auch von extern beschafft?"

„Klar, und völlig unabhängig davon, ob dies zum Beispiel anhand von Zeitschriften, Normen, Zusammenarbeit mit Universitäten, Mitarbeit in externen Gremien, Konferenzen, Fachtagungen, Beteiligung in Fachgesellschaften und Verbänden oder Kongressen erfolgt."

„Nur die Beschaffung allein von externem Wissen bringt nicht viel".

„Was heißt das?"

„Dass dieses Wissen auch transferiert werden muss."

„Und wie?"

„Zum Beispiel durch Prozessbeschreibungen, Teambesprechungen, Lessons Learned in Projekten, Coaching, Referate nach Schulungen, Informationsveranstaltungen, Führungskräftesitzungen, Intranet, Think Tanks, regelmäßige Fallbesprechungen des Reha-Konzeptes und vieles andere mehr."

„Zum Beispiel auch Schulungen zum Qualitätsmanagement oder Besprechungen der Leitlinien und Therapiestandards?"

„Sehr gut, genau dies wäre ja wohl extrem wichtig."

„Voraussetzung wäre allerdings, dass seitens der Führung solche Standards überhaupt erst einmal detailliert und umfassend festgelegt wurden."

„Oder man zumindest die von der Deutschen Rentenversicherung im Bereich der Knie-TEP publizierten Standards übernimmt."

„Obwohl dies ja nur Mindeststandards sein sollen."

„Richtig. Das heißt, von jeder Reha-Einrichtung auch wie selbstverständlich in die Praxis umgesetzt werden könnten."

„?"

Eine Personalbilanz kann immer nur so gut sein wie die in sie eingespeisten Strukturen, Bewertungen und Beschreibungen.

„Eines ist bereits im Vorfeld gesichert."

„?"

„Die für die Erstellung einer Personalbilanz entwickelte Vorgehenssystematik erzwingt eine intensive Beschäftigung und Auseinandersetzung mit allem, was mit Personalfaktoren zusammenhängt."

„Und?"

„Allein durch die hierbei geleisteten Vorarbeiten fällt ein gesicherter Gewinn an entsprechendem Erkenntniswissen zu."

„?"

Personalbilanzen sind auf dem Weg zu einer zahlenmäßigen Erfassung inzwischen ein gutes Stück des Weges vorangekommen und haben hierfür auch praxistaugliche Instrumente und Verfahren entwickelt. Diese ermöglichen es dem Personalmanagement nicht nur, sich in einem hochkomplexen Wissensumfeld Wettbe-werbs-vorteile zu verschaffen, sie machen durch ihre gängige Zahlenwelt auch eine Nachvollziehbarkeit für außenstehende Dritte möglich.

„Gegenüber der üblichen Bilanzierung materieller Wirtschaftsgü-ter hätten Personalbilanz-Tools bereits einen entscheidenden Vorteil."

„?"

„Es werden auch die zwischen einzelnen Faktoren bestehenden Beziehungen hinsichtlich ihrer Wirkungsstärke und Wirkungs-dauer sichtbar gemacht."

„?"

„Aus diesem ohne entsprechende Instrumente kaum durchschau-baren Beziehungsgeflecht lassen sich diejenigen Maßnahmen heraus-filtern, die aufgrund ihrer hohen Hebelwirkung das größte Potential erwarten lassen."

„Menschliche Intelligenz auch in Zeiten der Robotisierung?"
„Wenn Roboter tun sollen, was man ihnen sagt, müssen sie dies zuvor verstehen, zum Beispiel mit Hilfe von Software."
„Selbstlernende Systeme können aber ausgehend von program-mierten Verhaltensmustern mittlerweile schon Rückschlüsse auf die von ihnen zukünftig zu erwartende Haltung ziehen."
„Ja, künstliche Intelligenz meint ja zu wissen, was der Mensch denkt, bevor er es ausspricht?"

„Wissenschaftlern ist es mit Hilfe von Erkenntnissen aus der Erforschung des menschlichen Gehirns gelungen, das Denken von Gedanken einzufangen."

„?"

„Und zwar, bevor diese in irgendeiner Form überhaupt geäußert wurden."

„Und es war trotzdem möglich, diese Gedankenwelt auf eine computergetriebene und sich selbst steuernde Maschine zu übertragen?"

Mit Spezialcomputern wurden die Aktivitäten eines menschlichen Gehirns während des Denkens erfasst, in einen binären Code umgewandelt und auf einen Roboter übertragen. Der war in der Lage, diese Informationen aufzunehmen, zu verstehen und in eine gerade verrichtete Handlung einzuspeisen.

„Dieser Weg definiert doch aber eine neue Beziehung zwischen Natur und Technik?"

Erforscht werden „Landkarten des Denkens". Wie ist ein Gehirn im Detail aufgebaut? Wie denkt der Mensch? Was genau geschieht dabei? Was steuert das Denken? Ist Denken beeinflussbar? Forscher kommen zu dem Schluss, dass heutige Computer zwar keine großen Kommunikatoren sein mögen, aber viel Potenzial haben, Gedanken zu lesen. Ob wir wollen oder nicht: wir werden uns mit Robotern mehr oder weniger anfreunden müssen.

Sie werden mit uns kommunizieren, sich mit uns unterhalten, für und mit uns arbeiten.

„Das einzige, was mit Sicherheit über unser Gesundheitssystem der Zukunft gesagt werden kann, dass es sich nicht weiter in gemächlich kontinuierlichen Entwicklungsstadien bewegen wird", sagte Gesundheitsmanager Bodo Helmholz.

„Daraus ergibt sich aber auch, dass die Reha-Kompetenzen der Zukunft nicht mehr nur aus einer Kombination von Fach- und Methodenkompetenz bestehen können", folgert daraus Reha-Experte Martin Mitch.

„Sondern?"

„Dass auch verstärkt Persönlichkeitskriterien und Charakter-eigenschaften der verantwortlichen Akteure einbezogen werden müssen."

„Was aber ein hohes Wahrnehmungsvermögen voraussetzen würde."

„Genau so ist es. Ein Wahrnehmungsvermögen, das sich auf die Beobachtung aller relevanten Sachverhalte und Veränderungen in dem Umfeld konzentriert, das aus einer gesellschaftlichen, technologischen, sozialen und standortbezogenen Sphäre besteht."

„Dabei wird sich zeigen müssen, in welchem Umfang das Führungspersonal der Rehaeinrichtungen in der Lage ist, diesen Anforderungen gerecht zu werden."

„Ja, und vor allem in diesem komplexen Bezugsrahmen den Überblick zu bewahren."

„Mit solchen komplexen Strukturen umgehen zu können, ist nicht nur eine Frage vertikalen Wissens und Denkens, sondern setzt auch ein gewisses Maß an spielerisch freier Kreativität in dynamischen Denkstrukturen voraus."

Von alledem hat Mister Knie in der realen Praxis seines Reha-Verlaufs nur wenig verspürt.

Salve, lieber HOLA-Weggefährte,
Nichts ist mehr so wie es war

wenn wir einmal die allgegenwärtige KI fragen würden......

Diskussion zwischen Experten über den augenblicklichen Zustand des Gesundheitssystems in Deutschland: In welchen Bereichen gibt es die größten Probleme? Was bedeutet das für die bestmögliche Reha?

In einer Diskussion unter Experten über den aktuellen Zustand des Gesundheitssystems in Deutschland würden mehrere zentrale Themen aufgegriffen. Allgemein herrscht Einigkeit darüber, dass das deutsche Gesundheitssystem im internationalen Vergleich gut aufgestellt ist, jedoch in einigen Bereichen mit gravierenden Problemen zu kämpfen hat.

1. Personalmangel und Überlastung des Pflegepersonals

Einer der größten Kritikpunkte betrifft den akuten Personalmangel, vor allem in der Pflege, aber auch bei Ärzten in bestimmten Fachrichtungen. Besonders in Krankenhäusern und Pflegeeinrichtungen ist die Arbeitsbelastung enorm gestiegen. Diese Überlastung führt zu erschöpftem Personal, was die Versorgungsqualität beeinträchtigen kann. Zudem leidet die Zufriedenheit der Mitarbeiter, was wiederum zu hohen Kündigungsraten und damit zu einem weiteren Personalabgang führt.

Auswirkungen auf die Rehabilitation:

In der Rehabilitation hat der Personalmangel ebenfalls direkte Auswirkungen. Ein Mangel an Therapeuten, Pflegepersonal und Ärzten bedeutet, dass Patienten unter Umständen nicht die notwendige individuelle Betreuung und Therapie erhalten, die für eine optimale Genesung notwendig wäre. Besonders bei chronisch Kranken oder älteren Menschen ist eine intensive und kontinuierliche Betreuung jedoch entscheidend für den Erfolg der Reha-Maßnahmen.

2. Finanzierung und Bürokratie

Die Finanzierung des deutschen Gesundheitssystems ist ein weiterer Streitpunkt. Zwar gibt es ein duales System aus gesetzlicher und privater Krankenversicherung, doch steigen die Kosten für alle Akteure stetig. Besonders problematisch ist die Zunahme der Bürokratie: Viele Experten kritisieren, dass Ärzte und Pflegekräfte zu viel Zeit mit Dokumentationen verbringen müssen, die für die Abrechnung oder Kontrolle benötigt werden, anstatt sich auf die Patientenversorgung zu konzentrieren.

Auswirkungen auf die Rehabilitation:

Auch in der Reha gibt es finanzielle Herausforderungen. Viele Kliniken und Einrichtungen sind unterfinanziert und können nicht genügend Ressourcen für modernste Therapien oder umfassende Betreuung bereitstellen. Patienten müssen teilweise lange Wartezeiten in Kauf nehmen oder erhalten nur begrenzte Therapien, die für den Erfolg der Reha nicht ausreichen. Die strengen Vorgaben und Bürokratieanforderungen für die Bewilligung von Reha-Maßnahmen erschweren den Zugang zu schneller Hilfe.

3. Ungleiche Versorgung zwischen Stadt und Land

Ein weiteres häufig diskutiertes Problem ist die ungleiche Verteilung von Gesundheitsressourcen zwischen urbanen und ländlichen Regionen. In Städten gibt es meist ein Überangebot an Ärzten, Therapeuten und Spezialkliniken, während in ländlichen Gebieten viele Praxen und Kliniken unterbesetzt sind oder ganz fehlen.

Auswirkungen auf die Rehabilitation:

Für Reha-Patienten aus ländlichen Gebieten bedeutet dies oft weite Anfahrtswege zu spezialisierten Einrichtungen. Dadurch haben sie möglicherweise schlechteren Zugang zu qualitativ hochwertigen Rehabilitationsmaßnahmen. Zudem gibt es auf

dem Land oft nicht ausreichend ambulante Rehabilitationsange-
bote, was den Übergang von der stationären Behandlung nach
Hause erschwert.

4. Technologie und Digitalisierung

Die Digitalisierung des Gesundheitssystems verläuft in Deutschland im internationalen Vergleich nur schleppend. Zwar gibt es
einige Fortschritte, wie etwa die Einführung der elektronischen
Patientenakte, doch viele Kliniken und Praxen arbeiten noch mit
veralteten Systemen oder Papierdokumenten. Auch der Datenschutz wird als ein Hemmschuh für die Modernisierung angesehen.

Auswirkungen auf die Rehabilitation:

Die Digitalisierung könnte in der Rehabilitation große Vorteile
bieten, etwa durch Telemedizin, digitale Nachverfolgung von
Therapieerfolgen oder automatisierte Unterstützungssysteme für
Therapeuten. Doch in vielen Einrichtungen fehlen noch die ent-
sprechenden Technologien und Infrastrukturen, um diese Möglichkeiten flächendeckend zu nutzen. Dies bremst den Fortschritt und führt zu ineffizienten Prozessen.

Fazit: Auswirkungen auf die bestmögliche Reha

Die genannten Probleme im Gesundheitssystem haben deutliche
Auswirkungen auf die Qualität der Rehabilitation in Deutschland. Der Personalmangel, die ungleiche Verteilung der Versorgung, finanzielle Engpässe und der schleppende Fortschritt in
der Digitalisierung hindern viele Reha-Patienten daran, die bestmögliche Behandlung zu erhalten. Langfristig könnte dies dazu

führen, dass chronische Beschwerden nicht ausreichend behandelt werden, Patienten länger krank bleiben oder gar Rückfälle erleiden. Die Experten sind sich einig, dass dringende Reformen notwendig sind, um die Rehabilitation und das Gesundheitssystem insgesamt nachhaltiger und zukunftsfähiger zu gestalten.

KI Ende

Ohne ein Roboter zu sein, könnte man als Mensch vielleicht meinen:

Fiktive Dialoge - ein paar Stunden Intensivcoaching
Denkanstöße
Wissensmanagement
Storytelling
Content
Inspiration
Diskurs
DecisionSupport
Gehirntraining - wenn es gut werden soll
Verstehen lernen
Vernetzt denken
Potenziale ausschöpfen
Komplexität reduzieren
Gestaltbar machen
Wissen transferieren
Proaktiv agieren

Executive Coaching

„Stellt denn die Reha-Klinik die sachliche Ausstattung, die für eine leitliniengerechte Versorgung der Patienten notwendig ist, bereit?", fragte Journalistin Carola Meinhold.

„Aus meiner Sicht fallen hierunter Gebäude, Wegleitsysteme, Versorgungseinrichtungen, angemessene Barrierefreiheit, Informations- und Kommunikationstechnik oder Fuhrpark", meinte Wirtschaftsförderin Petra Messer.

„Und was ist mit Diagnose- und Therapieeinrichtungen?"

„Vor allem kommt es natürlich auf die zuerst an."

„Und welche zur Leistungserbringung unterstützenden Prozesse werden in der betreffenden Einrichtung umgesetzt?"

„Ich würde denken Verwaltung, Service, Hausreinigung, Haustechnik, Wartung und Instandhaltung oder Versorgung und Entsorgung."

„Gehört denn auch die Küche dazu?"

„Na klar, besonders schon aus Sicht der Patienten."

„Oder Arzneimittel und Hilfsmittelversorgung?"

„Auch ohne die geht nichts. Ich würde in diesem Zusammenhang auch Umweltschutz, Hygiene, Gefahrstoffe, Datenschutz, Brandschutz, Medizintechnik oder Transporteinrichtungen verstanden wissen wollen."

„Hat denn der FOCUS für seine Liste der fünfhundert TOP-Kliniken nicht auch auf das Kriterium der Sachausstattung abgestellt?"

„Ja, aber was bedeuten denn schon die in dieser FOCUS-Liste angesprochenen Punkte zu Bettenanzahl oder Anzahl Einbettzimmer in Relation zu den von uns zuvor angesprochenen Indikatoren?"

„Eigentlich doch so gut wie nichts."

„Oder, ob eine Begleitperson gestattet ist oder nicht?"

„Auch eine Aussage ohne größeren Wert. Da erhält doch so gut wie jede Klinik so ein Häkchen."

„Das heißt, solche Besten-Listen wie die von FOCUS sollte man eher kritisch sehen?"

„Ich für meinen Teil sehe das unbedingt so. Vor allem, wenn man bedenkt, dass die FOCUS-Leute einen Großteil der von ihnen als TOP hervorgehobenen Reha-Kliniken vielleicht nicht einmal von innen gesehen haben."

„Könnte das denn wirklich sein?"

„Auszuschließen ist es jedenfalls nicht."

„Das heißt, man hat möglicherweise einfach so Selbstauskünfte der Kliniken übernommen?"

„Ansonsten hätten die ja auch hunderte von Kliniken hinsichtlich ihrer Sachausstattung detailliert in Augenschein nehmen und bewerten müssen."

„Wenn man berücksichtig, dass derart dürftige Daten zur Sachausstattung sogar eine von drei Hauptgruppen an Bewertungs-kriterien bilden, um eine Auswahl der besten Reha-Kliniken zu treffen, was wäre denn von diesem FOCUS-Zertifikat insgesamt zu halten?"

„Die Frage beantwortet sich anhand dieser Fakten eigentlich schon ganz von selbst."

„Und nun einmal ganz allgemein zu digitalen Ausstattungsfragen."

„?"

„Jedes computergestützte System muss doch auch mit Fehlern und Sicherheitsrisiken umgehen?"

„Ja sicher, und diese potenzieren sich immer dann, wenn viele solcher Systeme vernetzt sind und damit automatisch verwundbar werden."

„?"

Anders als bei bisherigen Computersystemen, die uns überall umgeben und deren Sicherheitsmacken viele als eine Art Naturgesetz hinnehmen, kann ein sabotierter oder böswillig übernommener mobiler Roboter physischen Schaden verursachen. Er besitzt Fortbewegungsmethoden, Sensoren und bewegt sich auch außerhalb der virtuellen Welt. Im „Internet der Dinge" könnten schon schlichte Tippfehler eines Administrators die teuren Geräte in buchstäblich „hirnlosen" Elektroschrott verwandeln.

„Eine Gefahrenquelle sehen Experten darin, dass in den Roboterlaboren bestimmte Vorgehensweisen verbreitet sind, die wenig mit Sicherheit, sondern in erster Linie mit der Funktionalität zu tun haben.."

„Roboter werden aber auch schlauer und lernen immer mehr dazu."

„?"

„Über Algorithmen eignen sie sich Fertigkeiten an, die sonst Sachbearbeiter erledigen."

Dabei verbindet sich die physische Welt der Dokumente mit der digitalen. Systeme mit künstlicher Intelligenz können lesen oder filtern relevante Daten aus digital erfassten Briefen, Faxen oder E-Mails. Dabei geht es auch nicht mehr nur um strukturierte Daten, die sich auf Rechnungen, Überweisungen oder Anmeldeformularen befinden. Intelligente Roboter können auch mit unstrukturierten Daten umgehen, d.h. Informationen aus formlosen Anschreiben mit komplizierten Inhalten. Vorgänge können in zig unterschiedlichen Sprachen bearbeitet werden.

„Wie die Gesundheitsversorgung von morgen aussieht, weiß heute niemand", meinte Blogger Hannes Nader.
„Werden wir volldigitalisierte Krankenhäuser oder vielleicht auch Reha-Kliniken haben?", fragte Standortbeobachter Torsten Schröder.
„Behandeln uns dann Robodocs und Künstliche Intelligenz?"
„Denkbar scheint jedenfalls vieles."

Für Kunden aus Telekommunikation, Medien, Handel oder Energieversorgung entstehen neue Plattformen mit Softwarelösungen wie die optische Zeichen- und Texterkennung (Optical Character Recognition OCR), mit denen alle relevanten Informationen herausgefiltert werden können, um in eine effiziente Sachbearbeitung einzusteigen.

„Künstliche Intelligenz und Robotics werden die Stellschrauben sein, um künftig mit Dokumenten fertig zu werden."

„?"

„Der Mensch wird dann nur noch bei komplexen Einzelfällen eingreifen müssen."

„Aber selbst daraus können Roboter dank Algorithmen weiter hinzulernen."

„?"

„Die Software schaut dem Sachbearbeiter über die Schulter, wie er das Problem bearbeitet und löst."

„Das heißt, alle werden auf Dauer dem Trend zur künstlichen Intelligenz folgen, in einer Kombination aus analoger und digitaler Verarbeitung wird der physische Anteil weiter zurückgehen?"

.

„Eine leitliniengerechte Erbringung von Reha-Leistungen hat auch immer etwas mit Kompetenz zu tun", sagte die PKV-Pressesprecherin Nadja Herrlein.

„Und weshalb?", fragte der Manager vom Reha-Verband, Gunter Maibaum.

„Das ist doch offensichtlich. Eine dringend benötigte Kompetenzstrategie kann nur wählen und verfolgen, wer sowohl das Kompetenzpotenzial seiner Leistungen als auch das seiner Mitarbeiter kennt."

„?"

„Ich glaube, dass nur solche Reha-Kliniken den steigenden Anforderungen von Patienten gewachsen sein werden, die es durch die Kompetenz ihrer Manager und Mitarbeiter verstehen, ihre

Kernkompetenzen zu bündeln und als sinnvolle Gesamt-lösungen anzubieten."

„Voraussetzung dafür ist natürlich erst einmal die Bereitschaft, über vielleicht noch nicht ausgeschöpfte Kernkompetenzpotenziale nachzudenken und für Anregungen und Denkanstöße offen zu sein."

„Bei manchen muss dafür wohl noch der unbedingte Wille geweckt werden, die Dinge richtig zu tun und auch die richtigen Dinge zu tun."

„Wozu auch die Frage zählt, ob für die Beschaffung von relevanten Dienstleistungen seitens der Leitung der Einrichtung geeignete Regelungen definiert wurden."

„Also beispielsweise für Labor, Apotheke, Konsilärzte, Hygienefachkraft, externe Speiseversorgung, Gebäude- und Wäschereinigung oder Haustechnik?"

„Ja, unter anderem. Und nicht zu vergessen, das gerade im Bereich der Knie-TEP leider immer noch allzu oft vernachlässigte Wundheilmanagement?"

„Warum gerade das?"

„Weil Krankenhäuser aufgrund des durch Fallpauschalen verursachten Drucks zu immer mehr Kosteneinsparungen frisch operierte Patienten immer früher entlassen."

„Stimmt, viele sprechen ja sogar von einer sogenannten blutigen Entlassung."

„Die Leitung einer Einrichtung muss sich daher fragen, ob alle notwendigen Maßnahmen zur Steuerung extern bereitgestellter Prozesse und Dienstleistungen getroffen wurden."

„Das heißt, wenn Produkte und Dienstleistungen dem Patienten direkt durch externe Anbieter im Auftrag der Einrichtung bereitgestellt werden?"

„Ja. Und die Verantwortung, die Patientenanforderungen sowie die gesetzlichen und behördlichen Anforderungen zu erfüllen, kann dabei nicht einfach weitergegeben werden."

„Dann gilt das ja wohl auch für die externe medizinische Fußpflege im Bereich der Reha-Einrichtung?"

„Ich jedenfalls sehe das so."

„Dann sitzt also die Einrichtung mit im Boot, wenn durch diese Behandlung öfters Entzündungen verursacht würden? Von denen besonders das medizinische Personal der Reha-Einrichtung Kenntnis hätte?"

„Klar, alles andere wäre nach meinem Verständnis grob fahrlässig und stünde wohl auch im krassen Gegensatz zu dem hoffentlich kommunizierten Leitbild einer Einrichtung."

„Zurück zum generalisierten, bereichsübergreifenden Denken."

„?"

„Wissenschaftler versuchen mit künstlichen neuronalen Netzen die Funktion des Gehirns zumindest in Ansätzen nachzubilden."

„?"

„Es geht um die Fähigkeit des Gehirns, Synapsen, Neuronen oder ganze Hirnareale anatomisch zu verändern, wenn Reize ständig wiederholt werden oder besonders intensiv waren."

„?"

„Empfängt ein Neuron einen Reiz, sei es von Sinnesorganen oder von anderen Nervenzellen, leitet es den Reiz weiter, wenn eine gewisse Reizschwelle überschritten wird. Wiederholen sich die Reize, werden die beteiligten Verbindungen im Gehirn verstärkt und der Lernprozess kommt in Gang."

„Und?"

„Bleiben die Reize aus, verkümmern sie wieder."

„?"

Während im Gehirn jedes Neuron prinzipiell mit jedem anderen Neuron verbunden sein kann, sind die Schaltkreise ihres künstlichen Pendants in Ebenen organisiert. Die künstlichen Neuronen, auch Knoten genannt, geben Signale jeweils an alle Knoten der darüber liegenden Ebene weiter. Software-Algorithmen stellen die Stärke der Verbindungen und die Reizschwellen ein und ahmen so die neuronale Plastizität nach.

„Dabei können mit heutiger Computerpower Netzwerke mit Millionen Knoten und hunderten Ebenen dargestellt werden."

„Der produktiven Arbeit solcher Netze gehen aber Lernphasen voraus."

„?"

„Bei denen sie Trainingsdaten auswerten und die hinterlegten Algorithmen die Verbindungsstärken justieren".

„?"

Mit der Methode des Transfer-Lernens können Netze, die schon trainiert worden sind (eingeschwungene Netze) schnell und einfach an neue, ähnlich gelagerte Aufgaben angepasst werden.

„Wenn damit große Datenmengen nach Mustern oder Anomalien durchsucht werden können, würde sich für die künstliche Intelligenz ein breites Anwendungsspektrum öffnen."
„Und vielen die Frage beantworten: Welcher Wert steckt in meinen Daten, und wie kann ich damit Ressourcen sparen oder neue Geschäfte entwickeln?".

Salve, lieber HOLA-Weggefährte,
Nichts ist mehr so wie es war

wenn wir einmal die allgegenwärtige KI fragen würden......

Wie wird die Medizin der Zukunft aussehen, wer wird von ihr am meisten profitieren? Ältere? Jüngere?

Die Medizin der Zukunft wird durch eine Kombination aus technologischen Fortschritten, personalisierter Behandlung und präventiver Pflege grundlegend transformiert. Es gibt einige

Schlüsseltrends, die voraussichtlich eine zentrale Rolle spielen werden:

1. Personalisierte Medizin

Die Entwicklung der Genomik und der Datenanalyse wird es ermöglichen, Behandlungen auf das individuelle genetische Profil zuzuschneiden. Medikamente und Therapien könnten so optimiert werden, dass sie speziell auf den einzelnen Patienten abgestimmt sind. Dies würde besonders chronisch Kranke und Menschen mit seltenen genetischen Erkrankungen profitieren lassen, da die Behandlung zielgerichteter und effektiver sein könnte.

2. Künstliche Intelligenz (KI) und Big Data

KI und maschinelles Lernen werden helfen, riesige Mengen medizinischer Daten zu analysieren. Diese Technologien könnten bei der Diagnose, der Behandlungsempfehlung und der Vorhersage von Krankheitsverläufen eine wichtige Rolle spielen. Ärzte könnten durch KI in ihrer Entscheidungsfindung unterstützt werden, und Patienten könnten früher und genauer diagnostiziert werden. Insbesondere Menschen in ländlichen Gebieten oder solchen mit eingeschränktem Zugang zu Gesundheitssystemen könnten von der Fernüberwachung und Telemedizin profitieren.

3. Telemedizin und Fernüberwachung

Die Telemedizin wird weiter an Bedeutung gewinnen, da sie es den Menschen ermöglicht, von überall auf der Welt medizinischen Rat einzuholen. Mit tragbaren Geräten, die Vitaldaten in Echtzeit überwachen, könnte die Gesundheitsvorsorge proaktiver gestaltet werden. Chronisch Kranke und ältere Menschen, die regelmäßig überwacht werden müssen, könnten hier besonders profitieren, da sie weniger häufig zum Arzt müssen, aber dennoch eine gute Betreuung erhalten.

4. Regenerative Medizin

Fortschritte in der Stammzellforschung, Bioprinting und der Gewebezüchtung könnten die Art und Weise revolutionieren, wie Organe und Gewebe repariert oder ersetzt werden. Patienten, die unter degenerativen Krankheiten leiden, könnten durch solche Technologien neue Behandlungsmöglichkeiten erhalten.

5. Nanotechnologie

Nanoroboter könnten in der Zukunft Medikamente direkt in den betroffenen Körperregionen abliefern oder sogar Zellen reparieren. Diese Mikrotechnologien könnten Krankheiten früher erkennen und behandeln.

Wer wird am meisten profitieren?

- **Ältere Menschen**: Da viele der oben genannten Technologien chronische Krankheiten und altersbedingte Leiden behandeln oder verhindern können, werden ältere Menschen voraussichtlich besonders profitieren. Insbesondere personalisierte Medizin, regenerative Therapien und Fernüberwachung bieten hier große Vorteile.
- **Jüngere Menschen**: Die Prävention von Krankheiten durch frühzeitige Diagnostik und die Individualisierung von Behandlungen wird jüngeren Generationen helfen, gesünder zu altern. Zudem könnten sie von den Fortschritten in der genetischen Bearbeitung (CRISPR) und

der Vermeidung von genetischen Dispositionen für Krankheiten profitieren.

Insgesamt wird die Zukunft der Medizin sowohl älteren als auch jüngeren Menschen zugutekommen, jedoch in unterschiedlicher Weise. Ältere profitieren von verbesserten Behandlungsmöglichkeiten für chronische und altersbedingte Erkrankungen, während Jüngere von einer besseren Prävention und einer personalisierten, lebenslangen Gesundheitsvorsorge profitieren können.

KI Ende

Ohne ein Roboter zu sein, könnte man als Mensch vielleicht meinen:

Fiktive Dialoge - ein paar Stunden Intensivcoaching
Denkanstöße
Wissensmanagement
Storytelling
Content
Inspiration
Diskurs
DecisionSupport
Gehirntraining - wenn es gut werden soll
Verstehen lernen
Vernetzt denken
Potenziale ausschöpfen
Komplexität reduzieren

Gestaltbar machen
Wissen transferieren
Proaktiv agieren

Executive Coaching
Denkstudio für strategisches Wissensmanagement

„Was wir heute schon wissen, ist, wer die Medizin der Zukunft brauchen wird", behauptet Blogger Hannes Nader.
„Wen meinst du?", fragt Eigenverleger Egon Carstens.
„Auf jeden Fall doch immer mehr Menschen, die immer älter werden."
„Und damit andere Ansprüche an medizinische Versorgung haben als jüngere?"
„Ja, sie bekommen ja auch wohl andere Krankheiten, brauchen andere Therapien, intensivere Versorgung."

Die Auswirkungen der Umwälzung durch künstliche Intelligenz (KI) sind ähnlich groß wie einst jene durch Elektrifizierung: schlaue Computerprogramme verstehen, was wir sagen, können alleine Autos fahren, kurieren komplizierte Krankheiten, retten die Umwelt oder wollen alle Menschen reicher machen. Rechner haben Fertigkeiten erlangt, über die bisher nur Menschen verfügen konnten. Informatiker und Mathematiker beschäftigen sich mit dem Problem, wie sie intelligentes Verhalten auf Computern realisieren können.

„Das alltägliche Leben einer Person erfordert eine große Menge Wissen über die Welt."

„Viel davon ist aber subjektiv und intuitiv und darum schwer formell darstellbar?"

„Computer müssen dieses Wissen erfassen, um sich intelligent verhalten zu können."

„Ja, eine der großen Herausforderungen in der künstlichen Intelligenz ist es ja, wie wir dieses informelle Wissen in einen Computer bekommen."

„Fachleute meinen jedenfalls, dass Computer einmal mindestens in begrenztem Umfang schlauer als Menschen sein werden."

„In vielen speziellen, klar definierten und messbaren Tätigkeiten sind sie das ja auch bereits."

„?"

„So ähnlich wie die industrielle Revolution menschliche Muskelkraft und Körperfähigkeiten vielfach neutralisierte, werden intelligente Rechner das mit der Geisteskraft tun."

„?"

„Beispielsweise werden Programme entwickelt, die mit Hilfe von riesigen Datenmengen aktuelle und künftige Gefahren abschätzen können, um Sicherheitsentscheidungen zu treffen."

„?"

Dabei werden verschiedene Schichten von Daten aufgeschlüsselt, über alle gesammelten Daten wird eine Echtzeitebene gestülpt, durch aktuelle Ereignisse können errechnete Ergebnisse angepasst werden. Der Computer leuchtet aus, was kritische Prozesse sind und was passiert, wenn diese ausfallen würden.

„Der schlaue Computer vermeidet eben eine große Schwäche jetziger statischer Systeme."

„?"

„Die nur in die Vergangenheit blicken."

„?"

„Risikoanalysten überprüfen im Grunde nur ihre Einschätzung vom Vortag und personalisieren das Risiko nicht."

„Obwohl kaum etwas so unterschiedlich ist wie das persönliche Sicherheitsempfinden?"

„Das einzige, was mit Sicherheit über den Gesundheitsmarkt der Zukunft gesagt werden kann, ist, dass er sich nie mehr in gemächlich-kontinuierlichen Entwicklungsstadien bewegen wird", sagte Gesundheits-Manager Bodo Helmholz.

„Daraus ergibt sich aber auch, dass die Kompetenz des Führungspersonals der Reha-Einrichtungen in Zukunft nicht nur aus einer Kombination hoher Fach- und Methodenkompetenz bestehen kann", schlussfolgerte hierzu Audit-Manager David Kunze.

„Sondern?"

„Dass verstärkt auch Persönlichkeitskriterien und Charakter-eigenschaften einbezogen werden müssen."

„Könnte man die denn unter dem Begriff Sozialkompetenz zusammenfassen?"

„So ist es. Wobei solche Kompetenz als Summe verschiedener Fach-, Methoden- und Sozialkompetenzen ein hohes Wahrnehmungsvermögen voraussetzt."

„Was genau könnte das denn sein?"

„Das Wahrnehmungsvermögen konzentriert sich auf die Be-obachtung der Sachverhalte und Veränderungen im gesundheits-politischen Umfeld, welches aus einer gesellschaftlichen, techno-logischen, ökonomischen und ökologischen Sphäre besteht."

„Gibt es denn bestimmte Kriterien, nach denen man beispiels-weise Fachkompetenz detaillierter beurteilen könnte?"

„Ja, etwa eine Struktur aus wirtschaftlicher Intelligenz, sozialer Intelligenz, ökologischen Kenntnissen, Beschaffungskenntnissen und Marktkenntnissen."

„Und in ähnlicher Form für Methodenkompetenz?"

„Beispielsweise mentale Anpassungsflexibilität, Patientenorien-tierung, Beurteilungsvermögen, Problemlösungsfähigkeit, Strate-giekompetenz."

„Und zur Sozialkompetenz?"

„Hier würde ich unter anderem gesellschaftliche Verantwortung, Aufgeschlossenheit, soziale Sensibilität oder Gestaltungswissen einordnen."

„Mit solchen komplexen Strukturen umgehen zu können, wäre dann aber nicht nur eine Frage vertikalen Wissens und Denkens."

„Warum nicht?"

„Weil es auch ein gewisses Maß an spielerisch freier Kreativität in dynamischen Denkstrukturen voraussetzt."

„Wobei man vielleicht vermuten könnte, dass der Gesundheits-markt der Zukunft auch eine neue Art von Intelligenz verlangt?"

„So wird es mit großer Wahrscheinlichkeit sein."

„Aus meiner Sicht ist dies alles die unabdingbare Basis für die patientenorientierte Planung der Rehaprozesse"

„Stimmt genau. Und für deren leitliniengerechte Umsetzung in der alltäglichen Praxis."

„?"

Ganz allgemein und grundsätzlich betrachtet: Grundlage des maschinellen Lernens sind künstliche neuronale Netze. Sie sind den Hirnstrukturen nachempfunden und bestehen aus unzähligen verbundenen „Neuronen", also in Schichten organisierten Recheneinheiten. Es geht darum, Daten zu verstehen und die richtigen Fragen zu stellen. Vor allem dort, wo sich aus der Analyse neue Fragen ergeben, die man erst noch formulieren muss.

Salve, lieber HOLA-Weggefährte,
Nichts ist mehr so wie es war

wenn wir einmal die allgegenwärtige KI fragen würden......

Heißt Big Data, dass nunmehr Computer allein auf sich gestellt alles prognostizieren können?

Wie kann ich sehen, ob die Reha-Einrichtung die notwendigen Prozesse zur Behandlung und die unterstützenden Prozesse geplant und umgesetzt hat?

Big Data bedeutet zwar, dass durch die Verarbeitung und Analyse großer Datenmengen tiefgehende Einblicke und Vorhersagen möglich sind, aber Computer können nicht allein auf sich gestellt alle Prognosen machen. Sie benötigen immer noch menschliche Expertise, um die Daten zu interpretieren, die relevanten Algorithmen zu entwickeln und die Ergebnisse in einem realen Kontext richtig zu bewerten.

- **Big Data** liefert Rohdaten und hilft, Muster zu erkennen.
- **Algorithmen und maschinelles Lernen** ermöglichen Prognosen und Vorhersagen.
- **Menschliche Experten** sind notwendig, um sicherzustellen, dass diese Prognosen korrekt, ethisch und praktisch relevant sind.

In Bezug auf Reha-Einrichtungen und die Umsetzung von notwendigen Prozessen:

Um zu überprüfen, ob eine **Reha-Einrichtung** die richtigen Behandlungs- und unterstützenden Prozesse plant und umsetzt, kannst du auf folgende Punkte achten:

1. **Qualitätsmanagement**: Die Einrichtung sollte ein strukturiertes Qualitätsmanagementsystem (z.B. nach DIN EN ISO 9001 oder KTQ) implementiert haben. Dies stellt sicher, dass Prozesse dokumentiert und überwacht werden.
2. **Zertifikate und Akkreditierungen**: Prüfe, ob die Reha-Einrichtung von relevanten Institutionen zertifiziert wurde, die die Qualität der Prozesse und Dienstleistungen bestätigen.

3. **Therapiepläne und Dokumentation**: Patienten sollten individuelle Therapiepläne erhalten, die auf ihre spezifischen Bedürfnisse zugeschnitten sind. Eine transparente Dokumentation der Behandlungsziele und -fortschritte ist ein Indikator für gut geplante Prozesse.
4. **Interdisziplinäres Team**: Ein Team aus verschiedenen Fachbereichen (Ärzte, Therapeuten, Pflegepersonal) sollte in enger Abstimmung zusammenarbeiten, was für gut geplante Behandlungsprozesse spricht.
5. **Patientenfeedback**: Erfahrungen und Bewertungen von ehemaligen Patienten können Aufschluss darüber geben, wie gut die Prozesse in der Praxis umgesetzt werden.
6. **Externe Audits**: Viele Reha-Einrichtungen unterziehen sich freiwillig externen Audits, bei denen unabhängige Experten die Prozessqualität überprüfen.

Diese Indikatoren helfen dir zu erkennen, ob eine Reha-Einrichtung die notwendigen Prozesse zur Behandlung und Unterstützung korrekt plant und umsetzt.

KI Ende

Ohne ein Roboter zu sein, könnte man als Mensch vielleicht meinen:

Fiktive Dialoge - ein paar Stunden Intensivcoaching
Denkanstöße
Wissensmanagement

Storytelling
Content
Inspiration
Diskurs
DecisionSupport
Gehirntraining - wenn es gut werden soll
Verstehen lernen
Vernetzt denken
Potenziale ausschöpfen
Komplexität reduzieren
Gestaltbar machen
Wissen transferieren
Proaktiv agieren

Executive Coaching
Denkstudio für strategisches Wissensmanagement

„Daten erzählen nicht nur eine Geschichte, sondern tausend."

„?"

„Beim sogenannten „Open Data" machen auch öffentliche Stellen und Einrichtungen ihre Daten zugänglich, damit sie zu Informationen umgewandelt werden können, die allen nutzen können."

„Beispielsweise also Statistiken, Geodaten, Informationen über öffentliche Einrichtungen wie Kindergärten und Krankenhäuser oder Umweltdaten wie Luft- und Wasserqualität?"

„Big Data bedeutet aber nicht automatisch einen Zuwachs von Wissen und Erkenntnis."

„Viele verbinden aber mit Big Data, dass nunmehr Computer allein auf sich gestellt alles prognostizieren könnten."

„Computer selbst verstehen aber wenig oder nichts von der zu analysierenden Sache."

„?"

„Dieser Tatbestand wird auch nicht dadurch geheilt, dass Computer so lange zum Korrelieren und Clustern gezwungen werden, bis dabei etwas statistisch Signifikantes herumkommt."

„Jedenfalls sitzen Unternehmen, auch ohne dem Google-Geschäftsmodell anheimgefallen zu sein, trotzdem auf ganzen Bergen von Daten?"

„Solche Ansammlungen sind aber noch keine Gewähr dafür, genau zu wissen, was man weiß."

„?"

„Mit Hilfe von ungeheuren Rechenleistungen lassen sich zwar beliebig Korrelationen finden: Computer allein können aber oft die zugrunde liegende Datenqualität nicht erkennen."

„Der alte Spruch aus dem Beginn des Computerzeitalters vom „Garbage in – garbage out" hat also nach wie vor seine Gültigkeit?"

„Sinnfrei gesammelte Daten sind meistens unsauber oder inkonsistent."

„Und könnten also im unbehandelten Zustand leicht zu falschen oder irreführenden Ergebnissen führen?"

„Vielleicht wäre ja einmal die Frage zu stellen, ob einfachere Methoden, vieles basiert ja auf der relativ simplen Methode der

Durchschnitt-Rechnung, nicht auch kompliziertere Methoden schlagen können?"

Einfache Methoden haben den Vorteil, gegen strukturelle Veränderungen robuster zu sein. Vielleicht ist es trotz allem Big Data noch nicht altmodisch, gründlich nachzudenken, auf Sachkunde und Erfahrung zu setzen, Fragen zu stellen, Überlegungen anzustellen und Überlegungen zu strukturieren, um aus der schieren Datenflut wirklich benötigtes Wissen herauszufiltern.

„Eine steigende Lebenserwartung ist für jede Gesellschaft eine große Errungenschaft", meinte Blogger Hannes Nader.
„Meine Meinung: Sie ist ein deutliches Indiz, dass es den Menschen immer besser geht", meinte auch Eigenverleger Egon Carstens.
„Und zwar durch bessere Lebensbedingungen, aber auch durch eine bessere Medizin."
„Müsste dann nicht einer steigenden Zahl älterer Menschen mit einer Knie-TEP dann nicht auch eine immer bessere Qualität der Reha-Prozesse gegenüberstehen?"
„Sollte man meinen."
„Aber?"
„Die Erfahrungen von Mister Knie in seiner TOP-Klinik sprechen eine andere Sprache."
Mittlerweile hat ein Computer auch schon die vier besten Pokerspieler der Welt besiegt und dabei sogar unvollkommene oder irreführende Informationen wie einen Bluff ziemlich korrekt inter-

pretiert. Damit scheinen Softwareprogramme der künstlichen In-
telligenz eine noch höhere Stufe als schon bei ihren Schachsiegen
(wo es noch keine versteckten Informationen gab und die Regeln
noch eindeutig waren) erreicht zu haben.

„Über der Not nicht verzweifeln - in welch` rastloser Zeit leben
wir Menschen?"

Tag türmt sich auf Tag,
Jahr setzt sich an Jahr.
Augenblicke fröhlichen Beschwingtseins und voller Schönheit,
aber auch Bilder des Grauens –
entstehen, verharren, eilen vorüber,
entschwinden und entstehen neu.

Weit verästelt sind des Lebens Spuren: mühsam ist der Lebens-
weg mit seinen Gefahren. Klar erkenntlich aber ebenso verlo-
ckend können sie sein.

Wir haben Beispiele genug und bezahlen teuer dafür. Dem Ab-
grund nahe brachten uns diese Gefahren.

Groß und mächtig wollten wir sein, klein und armselig sind wir
geworden.

Karriere schien vielen wichtiger als Charakter, gesiegt hat das
Chaos!

Unser Unglück war groß, doch wir müssen größer sein,, dürfen darin nicht versinken, über der Not nicht verzweifeln.

Die Dinge laufen uns nicht nach, darüber müssen wir uns klar sein.

Wir müssen suchen, laufen bitten – Der Kampf um unser Leben ist hart.

Geduld und opferbereite Liebe dürfen nicht erlahmen.

Unbedachte Worte, unentwegte Handlungen können leicht den Frieden stören und uns verstricken.

Davon bleiben wir fern, wir wollen es nicht, wir wollen aber vom Wollen leben. Das ist das Geheimnis.

Dein Wille ist dein Befehl, dein Befehl ist dein Herrschen, dein Herrschen ist dein Leben, Licht muss wieder nach diesen dunklen Tagen werden.

„Deep-Mind-Forscher arbeiten weiter daran, das Verhalten komplexer Systeme mit vielen Teilnehmern besser zu verstehen."
„?"

„Beispielsweise haben sie im Rahmen von Testreihen künstliche Intelligenzen auch gegeneinander antreten lassen und dabei herausgefunden, dass sie sich je nach Umfeld aufgrund gemachter eigener Erfahrungen unterschiedlich verhalten."

„?"

„In einem Test ging es dabei darum, möglichst viele Gegenstände auf einer bestimmten Fläche einzusammeln, mit der zusätzlichen Möglichkeit seinen Spielgegner per Laserstrahl zeitweilig außer Gefecht zu setzen."

„Und?"

„Gab es ein relativ großes Angebot an Gegenständen sammelten die lernenden Softwareprogramme einfach ein und teilten sich das Ergebnis. Wurden die Parameter durch Verknappung des Angebots jedoch verändert, passten die selbstlernenden Systeme daraufhin ihre Strategien an."

„?"

Von einem Lernumfeld, das zunächst durch Überfluss geprägt war, wurden ihre Strategien vor dem Hintergrund zunehmender Verknappung aggressiver. Das heißt, der Gegenspieler wurde per Laserstrahl zunehmend öfter außer Gefecht gesetzt. Die Forscher fanden heraus, dass die künstliche Intelligenz in einem größeren und komplexeren Netzwerk schneller lernte, die Wettstreiter zu sabotieren, als in einem einfacheren System.

„Wie hat die Reha- Einrichtung die notwendigen Prozesse zur Behandlung und die unterstützenden Prozesse geplant und umgesetzt?", fragte GKV-Pressesprecherin Janine Bader.

„Wurden in den Arbeits- und Verfahrensanweisungen alle Kern-prozesse der Behandlung, also Aufnahme, Diagnostik, Therapie und Entlassung, sowie alle unterstützenden Prozesse wie Be-schaffung, Wartung, Instandhaltung, Küche, Service oder Haus-reinigung, lückenlos berücksichtigt?", wollte auch Audit-Mana-ger David Kunze wissen.

„Passen die geplanten Therapiemengen zu den personellen Res-sourcen?"

„Erfolgt bei Änderung von Rehazielen eine entsprechend zeit-nahe Anpassung der Therapieplanung?"

„Allerdings wäre eine Voraussetzung hierfür, dass zuvor über-haupt Rehaziele festgelegt wurden."

„Was eigentlich selbstverständlich sein sollte."

„Es aber nicht unbedingt ist."

„Auch nicht ausnahmslos in Einrichtungen, die von FOCUS als die besten in Deutschland gekürt worden sind?"

„Jedenfalls nicht immer, und nicht nach meinen persönlichen Analysen."

„In diesem Zusammenhang steht auch die Frage im Raum, ob die Einrichtung bei der Prozessplanung alle Anforderungen an die Ergebnisqualität berücksichtigt hat?"

„Wenn dem so wäre, müsste die Prozessplanung an den Teil- und Gesamtergebnissen ausgerichtet sein, die mit den Prozessen er-reicht werden sollen."

„Das heißt also auch an Reha-Zielen und Leitlinienkonformität?"

„Für mich ein absolutes Muss! Zumindest doch für die angeblich Besten"

„Aber?"

„Nach meinen Informationen habe ich da doch so manchmal meine Bedenken."

Salve, lieber HOLA-Weggefährte,
Nichts ist mehr so wie es war

wenn wir einmal die allgegenwärtige KI fragen würden......

Kommt ein Lernalgorithmus, der alle notwendigen Strukturen entdeckt, um Daten auch ohne menschliche Hilfe eigenständig klassifizieren zu können, mit Hilfe von neuronalen Netzwerken seinem biologischen Vorbild am nächsten?

Ja, ein Lernalgorithmus, der in der Lage ist, alle notwendigen Strukturen eigenständig zu entdecken und Daten ohne menschliche Hilfe zu klassifizieren, kommt in vielen Aspekten seinem biologischen Vorbild – dem menschlichen Gehirn – sehr nahe, insbesondere wenn er neuronale Netzwerke verwendet. Dies liegt daran, dass neuronale Netzwerke in ihrer Struktur und Funktionsweise an biologische neuronale Netze im Gehirn angelehnt sind.

Hier einige Ähnlichkeiten und Unterschiede:

Ähnlichkeiten:

1. **Lernen durch Erfahrung**: Sowohl künstliche neuronale Netzwerke als auch das Gehirn lernen durch Anpassung an neue Daten und Erfahrungen. In künstlichen neuronalen Netzwerken geschieht dies durch die Anpassung der Gewichte der Verbindungen zwischen Neuronen, ähnlich wie Synapsen im Gehirn gestärkt oder geschwächt werden.

2. **Hierarchische Struktur**: Tiefe neuronale Netzwerke (Deep Learning) arbeiten in Schichten, wobei die unteren Schichten grundlegende Merkmale der Daten lernen (z. B. Kanten und Farben in Bildern), während die höheren Schichten komplexere Merkmale erfassen. Dies spiegelt wider, wie das Gehirn auf verschiedenen Ebenen Informationen verarbeitet, z. B. im visuellen Cortex.

3. **Autonomes Lernen**: Fortschritte im unüberwachten Lernen, bei dem Modelle Datenstrukturen entdecken, ohne explizite Labels zu benötigen, ähneln der Fähigkeit des Gehirns, Muster und Strukturen aus unstrukturierten Reizen zu erkennen.

4. **Parallelität**: Sowohl biologische als auch künstliche neuronale Netze arbeiten parallel. Neuronen (im biologischen Gehirn) und Knoten (in künstlichen neuronalen Netzen) können gleichzeitig aktiviert werden, was eine effiziente Datenverarbeitung ermöglicht.

Unterschiede:

1. **Energieeffizienz**: Das menschliche Gehirn ist wesentlich energieeffizienter als heutige neuronale Netzwerke. Das Gehirn arbeitet mit nur etwa 20 Watt, während

große neuronale Netzwerke auf enorm leistungsstarke Rechenzentren angewiesen sind.

2. **Plastizität**: Das biologische Gehirn ist extrem plastisch und kann sich auf vielfältige Weise an neue Situationen anpassen, weit über die Fähigkeiten heutiger neuronaler Netzwerke hinaus. Das Gehirn kann z. B. bei einer Schädigung eines Teils die Funktion durch andere Areale teilweise kompensieren, während künstliche neuronale Netzwerke für bestimmte Aufgaben spezifisch trainiert werden müssen.

3. **Multifunktionalität**: Das menschliche Gehirn ist in der Lage, viele verschiedene Aufgaben gleichzeitig zu bewältigen, während neuronale Netzwerke oft auf eng definierte Aufgaben spezialisiert sind.

Zusammengefasst nähern neuronale Netzwerke sich in gewisser Weise den biologischen Prozessen an, insbesondere was die Fähigkeit betrifft, Muster zu erkennen und autonom zu lernen. Allerdings gibt es noch signifikante Unterschiede in Bezug auf Flexibilität, Energieeffizienz und Vielseitigkeit.

KI Ende

Ohne ein Roboter zu sein, könnte man als Mensch vielleicht meinen:

Fiktive Dialoge - ein paar Stunden Intensivcoaching
Denkanstöße
Wissensmanagement
Storytelling

Content
Inspiration
Diskurs
DecisionSupport
Gehirntraining - wenn es gut werden soll
Verstehen lernen
Vernetzt denken
Potenziale ausschöpfen
Komplexität reduzieren
Gestaltbar machen
Wissen transferieren
Proaktiv agieren

Executive Coaching
Denkstudio für strategisches Wissensmanagement

„Und wieder allgemein und grundsätzlich betrachtet: Schnelle Fortschritte bei Suchmaschinen, in der Sprach-, Bild-, Personen- und Dokumentenerkennung vergrößern die Anwendungsbreite für KI."

„Allerdings ist die reale Welt wesentlich unberechenbarer als ein Schachbrett mit vierundsechzig Feldern."

„Oder selbst das komplexe Brettspiel Go?"

„Die Erprobung einer Spielwelt ist einfacher, weil diese geordneter und strukturierter als die reale Welt draußen abläuft. In dieser hat man es mit Unmengen unterschiedlichster Wirkung und der Vernetzung zahlreicher verschiedener Systeme und Elemente tun."

„Da es hierbei ungleich chaotischer zugeht, dauert es in der wirklichen Welt auch länger, die notwendigen Daten im benötigten Umfang zu erfassen und hieraus Prozesse zu entwickeln."
„?"

Die KI macht (große) Fortschritte: während bisher Computer mit Programmen für bestimmte Anwendungen bestückt wurden, lässt man solche Programme nunmehr durch Algorithmen anhand von Trainings-daten selbst entwickeln. Denn der Mensch von heute braucht Computer und maschinelles Lernen mehr denn je, da er durch zu viele Informationen, zu viele Daten, zu viele Medien oder zu wenig Zeit zunehmend überfordert ist.

„Intelligenz beruht auf Lernfähigkeit und darauf, sich an veränderte Bedingungen selbständig anpassen zu können."
„Das heißt?"
„Ein Lernalgorithmus, der alle notwendigen Strukturen entdeckt, um Daten auch ohne menschliche Hilfe eigenständig klassifizieren zu können, kommt mit Hilfe von neuronalen Netzwerken seinem biologischen Vorbild am nächsten."
„Obwohl sich Algorithmen manchmal noch schwertun, da sie für ihr Tun gigantische Datenmengen benötigen?"

Maschinen können zwar lesen, hören, sehen oder selbst fühlen oder schmecken. Doch alles zusammen mit der für einen Menschen so alltäglichen Kombinatorik gelingt ihnen nicht. Für manche Anwendungen gibt es noch zu wenig Lernmaterial, mit dem

man die Computer füttern könnte (oder müsste, um den Heraus-
forderungen des Lernens zu genügen).

„Dem Gesundheitswesen stehen nur begrenzte Mittel zur Verfügung. Gleichzeitig müssen aber alle Patienten immer besser versorgt werden. Immer besser: ja, immer teurer: nein", meinte Blogger Hannes Nader.
„Die Gleichung geht dann aber nur für die auf, die auch effizienter arbeiten", meinte Eigenverleger Egon Carstens.
„Wie soll das gehen?"
„Effizienz im Reha-Bereich geht nur mit mehr Qualität. Langfristig sind also die Gesundheitseinrichtungen erfolgreich, die hohe
medizinische Qualität bieten und dies so wirtschaftlich tun, dass
sie in immer bessere Medizin investieren können."

Untersuchungen haben ergeben, dass es manchmal gefährlich
werden könnte, die Lernerfolge von Algorithmen nur als Black
Box zu behandeln, ohne zu verstehen, was sich dort in ihrem In-
neren wie und warum abspielt.

„Da die nichtlinearen Transformationen, die von den künstlichen
neuronalen Netzwerken angestellt werden, wenig transparent und
schwer zu interpretieren sind."
„Auch wenn ein Algorithmus seine Inputdaten immer richtig zuordnet könnte es durchaus wichtig sein oder werden, herauszufinden, wie und warum das neuronale Netzwerk tut, was es tut."

„Für manche mit Informatik und Ideen der künstlichen Intelligenz befasste Experten gilt die mangelhafte Kenntnis des menschlichen Denkens als blinder Fleck der KI-Forschung."

„?"

„Mit Datenbrillen und ähnlichem Denken wird das menschliche Gehirn lediglich durch einen Apparat, der die sonst qua Wahrnehmung produzierten Datenströme simuliert, vollständig von der realen Welt entkoppelt."

„Zynisch betrachtet wäre man also den Menschen losgeworden, der sich gewissermaßen ins Nirwana organisierte?"

„Nach mancher Meinung ist der Mensch gar nicht in der Lage, rein einem Algorithmus zu folgen."

„?"

„Stets laufe in ihm ein rekursives Verfahren ab, eine von Stimmungen beeinflusste Einordnung von Sinnesdaten in Vorgängiges, ein permanentes Abstimmen von Zusammenhängen im Hintergrund."

„?"

KI-Maschinen − seien es Stützvektormaschinen auf Grundlage der linearen Algebra, seien es künstliche neuronale Netze mit vielen Zwischenebenen − arbeiten jedoch letztlich Zeichenketten ab und kämen über flache Formalismen nicht hinaus, auch wenn dank der Ausweitung von Speicher- und Prozessorleistungen Scheinerfolge möglich seien.

Beispiels-weise würde ein nachts im Bett liegender Beobachter Lichterscheinungen an der Wand wahrnehmen, deren Ursache – die Scheinwerfer vorüberfahrender Autos – ihm so gegenwärtig ist, dass das Wahrgenommene für ihn mit der Ursache in eins fällt und von Beginn an keine reine Lichterscheinung darstellt.

„Von niemand wird bezweifelt, dass Maschinen dem Menschen zwar bei Berechnungen weit überlegen sind."
„Was aber noch lange kein Grund ist, ihnen menschliche Intelligenz zuzubilligen."
„Allenfalls könnte man nach dieser Denkrichtung also von „Intelligenz-Ersatz" oder von „dumm auf hohem Niveau" sprechen?"

„Bei der Bewertung und Auswahl von Reha-Leistungen geht es immer wieder um das zentrale Thema der Kompetenz", sagte Standortbeobachter Torsten Schröder.
„Auch im Reha-Bereich ist es nicht anders wie bei anderen Unternehmen auch", sagte hierzu Unternehmensberater Kai Adam.
„Was könnte das den konkret heißen?"
„Die Ausrichtung der Leistungsperformance aller, welche ihre Zukunft erfolgreich gestalten wollen, zielt darauf ab, dass nach jeder Führungsgeneration eine Regeneration folgen muss."
„Echt jetzt?"

„Bestimmt. War eine Führungsgeneration bislang etwa zwanzig bis vielleicht fünfundzwanzig Jahre im gleichen Rahmen beschäftigt, so wird sie es in Zukunft noch maximal zehn Jahre sein können."

„?"

Salve, lieber HOLA-Weggefährte,
Nichts ist mehr so wie es war

wenn wir einmal die allgegenwärtige KI fragen würden......

Eine Geschichte, in der jemand darüber nachdenkt, ob eine Reha vielleicht einen Knick auf seinem Karrierepfad bedeuten würde:

Es war ein verregneter Nachmittag, als Felix im Wartezimmer des Krankenhauses saß und auf seinen Arzt wartete. Der Schmerz in seiner Schulter, den er seit Wochen ignoriert hatte, pulsierte unerbittlich. Er war Profisportler, eine aufstrebende Kraft in der Welt des Basketballs, und die letzten Monate waren geprägt von einem steilen Aufstieg. Doch die ständige Belastung hatte ihren Tribut gefordert. Nun war die Frage nicht mehr, ob er sich verletzen würde, sondern wie schlimm es wirklich war.

Als der Arzt schließlich den Raum betrat, warf Felix ihm einen besorgten Blick zu. Der Mann blätterte durch seine Akte, setzte sich und sprach ruhig: „Felix, du hast eine ernsthafte Sehnenverletzung in deiner Schulter. Wenn du weitermachst, wie bisher, könnte es chronisch werden. Ich empfehle dir dringend eine mehrmonatige Reha."

Die Worte trafen Felix wie ein Schlag. Reha. Das bedeutete eine Pause. Eine Auszeit von den Spielen, von den Trainingseinheiten, von der intensiven Karriere, die er sich so mühsam aufgebaut hatte. „Wie lange genau?" fragte er, während sein Herz schwer wurde. „Drei bis vier Monate, vielleicht länger, je nachdem, wie gut du dich erholst", antwortete der Arzt.

Felix lehnte sich zurück und spürte, wie der Raum enger wurde. Drei Monate abseits des Spielfelds? In einer Liga, in der man schnell vergessen wurde, wenn man zu lange weg war? Er hatte hart gearbeitet, um sich einen Namen zu machen. Trainer und Scouts beobachteten ihn jetzt. Was, wenn sie das Interesse an ihm verloren? Was, wenn er nach der Reha nicht mehr derselbe Spieler wäre?

Er sah die Szenarien vor sich. Während seine Teamkollegen weiter trainierten und in den nächsten Wochen Spiele gewannen, würde er auf einer Liege liegen und mit Therapeuten an simplen Bewegungsabläufen arbeiten. Es erschien ihm wie ein Stillstand, ein Knick auf seinem Karrierepfad, der ihn möglicherweise aus der Bahn werfen könnte. Andere Spieler würden aufsteigen, neue Talente würden auftauchen, und er? Er wäre der „verletzte Spieler", der, der „zu lange draußen war".

Die Gedanken rasten. Sollte er es riskieren und weitermachen, wie bisher? Aber was, wenn die Verletzung schlimmer wurde und seine ganze Karriere gefährdete? Die Reha bedeutete vielleicht einen Rückschritt, aber sie gab ihm auch die Chance, vollständig zu heilen und stärker zurückzukommen.

In diesem Moment kam ihm eine Erinnerung in den Sinn: Ein ehemaliger Mentor hatte ihm einmal gesagt, dass die größten Herausforderungen nicht auf dem Spielfeld, sondern im Kopf bewältigt werden. Vielleicht war dies eine dieser Prüfungen.

Felix atmete tief durch und entschied sich: „Ich gehe in die Reha." Es fühlte sich an wie eine Niederlage, aber tief in seinem Inneren wusste er, dass dies die einzige Entscheidung war, die ihm langfristig eine Chance gab, seine Karriere zu retten.

Es war ein Knick, ja – aber manchmal, so erkannte er, führte ein Knick auch in eine andere Richtung. Eine, die am Ende vielleicht sogar besser für ihn sein würde.

KI Ende

Ohne ein Roboter zu sein, könnte man als Mensch vielleicht meinen:

Fiktive Dialoge - ein paar Stunden Intensivcoaching
Denkanstöße
Wissensmanagement

Storytelling
Content
Inspiration
Diskurs
DecisionSupport
Gehirntraining - wenn es gut werden soll
Verstehen lernen
Vernetzt denken
Potenziale ausschöpfen
Komplexität reduzieren
Gestaltbar machen
Wissen transferieren
Proaktiv agieren

Executive Coaching
Denkstudio für strategisches Wissensmanagement

„Wie würde wohl das Profil einer erfolgreichen Führungskraft aussehen?"

„Im ersten Extremfall: Traumtänzerei, Ruhelosigkeit, Sprunghaftigkeit, Unüberlegtheit, blindes Heldentum, Besessenheit, Verschwendung, Dickfelligkeit, Phantasterei."

„Könnte als Extremfall also durchaus auch im Reha-Bereich auf den einen oder anderen zutreffen. Und welche idealen Merkmale würde ein solches Profil aufweisen?"

„Also im Idealfall: Intuition, Dynamik, Initiative, Risiko-freudigkeit, Entscheidungsfreude, Mut, Motivation, Finanzielle Umsicht, psychische Belastbarkeit und vor allem auch Kreativität."

„Solche Leute wären dann wohl schon schwerer zu finden. Und sonst noch?"

„Als weiteres Extrem vielleicht: Mangel an Gespür, Trägheit, Passivität, Ängstlichkeit, Neigung zu zaudern, Unlust, Knauserei, Stressanfälligkeit, Ideenlosigkeit."

„Hoffentlich muss ich nie in eine Reha-Einrichtung, die von solchen Typen geleitet wird."

„Aber im Ernst, im Grunde heißt dies alles nichts anderes, als dass der Traum von der Lebensstelle auch im Reha-Bereich endgültig aufgegeben werden muss."

„Weil?"

„Auch hier der disruptive Wandel von allen Akteuren eine bedeutend flexiblere Einstellung im Denken und Handeln erfordert."

„Und natürlich auch die Bereitschaft zu akzeptieren, dass Werte aus der Vergangenheit nicht zwingend denselben Stellenwert auch in der Zukunft haben müssen."

„Wobei dies auch einen komplexen Motivationseffekt auslösen könnte, der sich eher nachträglich verstehen als zuverlässig prognostizieren lässt."

„Im Prinzip bleibt den Reha-Kliniken keine andere Wahl, als der Entscheid, ob sie bezahlten Unfähigkeiten oder bezahlte Fähigkeiten in ihrer immateriellen Erfolgsbilanz aufführen möchten."

„Wobei die Wirklichkeit in manchen Einrichtungen vielleicht etwas anders aussehen dürfte."

„Wie also?"

Zum Beispiel, wenn man nach wie vor nicht einsehen will, dass starre Strukturen und lange Hierarchiewege zu einer Lähmung der Dynamikpotenziale führen können."

„Das heißt, eine der großen Herausforderungen bleibt, durch eine umfassende Führungskompetenz den technologischen, sozialen und kulturellen Wandel zu meistern und in eine prospektive Vorwärtsstrategie umzusetzen."

„Quasi ein Reha-Workplace for the Future?"

„Grundsätzlich betrachtet ist Kreativität doch eine Black-Box, von der niemand weiß, was drinnen vorgeht."

Zwar können Computerprogramme Quizfragen beantworten oder medizinische Diagnosen erstellen. Aber was ist mit einer weiteren Domäne des Menschen: der Kreativität? Ist Kreativität so etwas wie ein Etikett, das man auf kognitive Prozesse klebt, solange man sie nicht versteht?"

„Das Problem dabei: nach wie vor bereitet es Schwierigkeiten, menschliche Kreativität überhaupt verstehen zu können."

„Was aber eine Voraussetzung dafür wäre, den menschlichen Geist mit künstlicher Intelligenz nachzubilden?"

„Eine einfache Form von Kreativität besteht darin, bekannte Elemente auf eine neue Weise zu kombinieren."

„Darin sind aber auch Computer gut."

„Auch in der Kunst finden sie Muster, die typischerweise Erfolg versprechen, und können lernen, sie zu variieren und zu kombinieren."

„Das heißt, die künstliche Intelligenz schaut der menschlichen Intelligenz beim Denken zu und zerlegt sie in Einzelteile?"

„Mit einer Technik des „ständigen Lösens" verfeinert der Computer Schritt für Schritt seine „Intuition".

„Die Glücksspiel-Industrie muss sich also auf einen unbequemen Gegner einstellen.?"

„Ob sich auch Unternehmensberater und Scheidungsrichter bald auf Jobsuche begeben müssen, ist im Frühstadium dieser neuen Technik allerdings noch ungewiss".

Schwierigkeiten haben Computer aber mit einer höheren Schule der Kreativität: das Übertragen von Wissen oder Strukturen aus einem Bereich auf einen ganz anderen. D.h. Kreativität lässt sich nicht ohne weiteres von Computern erledigen. Trotzdem können diese Menschen in ihrer kreativen Arbeit unterstützen: durch Vorschläge, die der Mensch bewertet.

„Grundsätzlich sollte ein Gesundheitswesen nicht den Ressourceneinsatz, sondern die Behandlungsqualität honorieren", meinte Blogger Hannes Nader. „Um die steigende Zahl von Patienten trotzdem immer besser versorgen zu können."

„Allerdings scheint mir dies derzeit gefährdet zu sein", meinte Eigenverleger Egon Carstens.

„Trotzdem: Qualität und Effizienz von Rehaleistungen sind zwei Seiten der gleichen Medaille. Nur wer in noch bessere Diagnostik und mehr Service für die Patienten investiert, wird langfristig Erfolg haben."

„Das heißt, mit seinem Angebot auch zunehmend anspruchsvollere Rehapatienten von sich überzeugen können."

Manche meinen, dass ein Computer schon deshalb nicht kreativ sein könne, weil er die Bedeutung dessen, was er vollführt, nicht verstehe. Und: das menschliche Gehirn kenne überhaupt keine diskreten Zustände wie Nullen oder Einsen der Computerprogramme, es ist stets in vielen Zuständen zugleich.

„In einem anderen Punkt haben die Forscher mit ihren Programmen dasselbe Problem wie mit den Menschen."

„?"

„Manche dieser Programme nutzen nachvollziehbare, statistische oder logikbasierte Verfahren, andere arbeiten mit selbstlernenden künstlichen neuronalen Netzen."

„Ja und?"

„Und was die genau treiben, verstehen die Forscher genauso wenig wie die Vorgänge im menschlichen Gehirn."

„?"

Zwei Räume: In einem sitzt ein Mensch, im anderen befindet sich eine intelligente Maschine. Über Bildschirm und Tastatur erhalten sie die Fragen eines Probanden. Wenn dabei nicht herauszufinden ist, wer der Mensch und wer die Maschine ist, dann ist der Nachweis erbracht: die Maschine verfügt über künstliche Intelligenz. Bis heute existiert keine Maschine, die einen solchen Test sicher bestehen würde. Vor allem dann, wenn man nur die Sprache als Maßstab für Intelligenz gelten lassen würde.

„Menschliche Intelligenz drückt sich aber auch im Handeln aus."

„?"

„Beispielsweise wenn intelligente autonome Systeme im Straßenverkehr im Bruchteil einer Sekunde Entscheidungen treffen müssen."

„?"

„Menschen können in solchen Situationen auf Erfahrung und Intuition zurückgreifen. Maschinen hätten es da schwerer."

„?"

„Schon allein deshalb, weil es im realen Leben eben nicht nur schwarz und weiß oder Null und Eins gibt."

„Also eine intelligente Maschine nicht immer nur mit hundert Stellen nach dem Komma genau rechnen kann, sondern auch mit Ungenauigkeiten und Unschärfen zurechtkommen muss?"

„Dafür benötigt man Rechenverfahren, die mit unvollständigen Informationen umgehen können."

„Also eine Gleichung zum Beispiel auch dann lösen können, wenn bei a+b+c=d kein aktueller Wert für c vorliegt?"

Salve, lieber HOLA-Weggefährte,

Nichts ist mehr so wie es war

wenn wir einmal die allgegenwärtige KI fragen würden……

Anhand welcher Kennzahlen kann der Erfolg einer Behandlung während der Reha gemessen, überwacht und beurteilt werden?

Der Erfolg einer Rehabilitation kann anhand mehrerer Kennzahlen gemessen, überwacht und beurteilt werden, die sowohl die körperliche Genesung als auch die psychosoziale und funktionelle Verbesserung des Patienten berücksichtigen. Hier sind einige wichtige Kennzahlen:

1. Medizinische Fortschritte

- **Schmerzreduktion**: Minderung der Schmerzintensität, die der Patient auf einer Skala (z. B. von 0 bis 10) angibt.
- **Bewegungsumfang (Range of Motion)**: Verbesserung des Bewegungsradius in den betroffenen Gelenken oder Körperteilen.
- **Muskelkraft**: Messungen der Muskelstärke durch manuelle Tests oder isometrische Kraftmessungen.
- **Blutdruck, Herzfrequenz, Blutzuckerwerte**: Diese Werte werden überwacht, um festzustellen, ob sich auch Begleiterkrankungen verbessern.

2. Funktionelle Leistungsfähigkeit

- **Alltagstauglichkeit (Activities of Daily Living, ADL)**: Grad der Selbstständigkeit bei Aktivitäten wie Anziehen, Essen, Gehen oder Baden.
- **Gehfähigkeit und Mobilität**: Distanz und Zeit, die ein Patient laufen kann (z. B. Sechs-Minuten-Gehtest, Timed Up and Go Test).
- **Koordination und Gleichgewicht**: Messungen der Stabilität beim Stehen oder Gehen, z. B. durch den Berg Balance Scale Test.
- **Ergonomie und Ausdauer**: Teste, wie lange ein Patient körperliche Aktivitäten ausführen kann, ohne erschöpft zu sein (z. B. Fahrradergometer oder Treppentest).

3. Psychosoziale Faktoren

- **Lebensqualität (Quality of Life)**: Subjektive Beurteilungen der Lebensqualität durch standardisierte Fragebögen (z. B. SF-36, EQ-5D).
- **Psychisches Wohlbefinden**: Erfassung von Depressionen oder Angstzuständen durch Tests wie das Beck Depressions-Inventar (BDI).
- **Motivation und Selbstwirksamkeit**: Wie zuversichtlich der Patient ist, den Heilungsprozess zu bewältigen und langfristig gesunde Verhaltensweisen zu erhalten.

4. Langfristige Ergebnisse

- **Rückkehr zur Arbeit oder zu gewohnten Aktivitäten**: Ob und wann der Patient in der Lage ist, in seinen Beruf oder seine Freizeitaktivitäten zurückzukehren.

- **Wiederholungsraten von Verletzungen oder Erkran-kungen**: Wie oft der Patient Rückfälle oder erneute Verletzungen erleidet.
- **Nutzung von Hilfsmitteln oder Medikamenten**: Reduktion der Abhängigkeit von Medikamenten (z. B. Schmerzmitteln) oder Hilfsmitteln (z. B. Rollstühle, Krücken).

5. Patientenzufriedenheit

- **Feedback des Patienten**: Subjektive Bewertungen durch den Patienten, ob die Ziele der Reha erreicht wurden (z. B. durch Patientenfragebögen).
- **Zielerreichung**: Erfolg basierend auf individuellen, im Behandlungsplan festgelegten Zielen.

6. Wiederaufnahmequote (Rehospitalisierungsrate)

- Eine niedrige Wiederaufnahmequote deutet darauf hin, dass der Patient nach der Rehabilitation stabil ist und keine weiteren Krankenhausaufenthalte erforderlich sind.

Durch eine Kombination dieser Kennzahlen kann der Erfolg der Reha umfassend beurteilt werden, wobei sowohl objektive Messungen als auch subjektive Patientenmeinungen eine Rolle spielen.

KI Ende

Ohne ein Roboter zu sein, könnte man als Mensch vielleicht meinen:

Fiktive Dialoge - ein paar Stunden Intensivcoaching
Denkanstöße
Wissensmanagement
Storytelling
Content
Inspiration
Diskurs
DecisionSupport
Gehirntraining - wenn es gut werden soll
Verstehen lernen
Vernetzt denken
Potenziale ausschöpfen
Komplexität reduzieren
Gestaltbar machen
Wissen transferieren
Proaktiv agieren

Executive Coaching
Denkstudio für strategisches Wissensmanagement

„Ist festgelegt, welche Aufzeichnungen und Kennzahlen erforderlich sind, um die zur Behandlung der Patienten erforderlichen Prozesse überprüfen zu können?", fragte Mister Knie.
„Ganz klar muss die Möglichkeit zu einer umfassenden Rückverfolgung sichergestellt werden, beispielsweise in Form von

elektronischer Patientenakte oder Leitlinienkonformität", meinte Audit-Manager David Kunze.

„Liegt ein indikations-, zielgruppenspezifisches und interdisziplinäres Reha-Konzept als dokumentierte Information vor?"

„Das sollte so sein, nein das muss so sein. Und zwar basierend auf dem bio-psycho-sozialen Modell der Klassifikation der Funktionsfähigkeit, Behinderung und Gesundheit."

„Das heißt, es würde dann also das gesamte Spektrum der möglichen Leistungen zur Rehabilitation und Teilhabe dargestellt? Und es würde auch auf relevante Kontraindikatoren eingegangen?"

„In den vom Wirtschaftsmagazin FOCUS herausgestellten TOP-Kliniken sollte das jedenfalls so sein."

„Und dies ausnahmslos?"

„Na klar, ohne jede Einschränkung. Denn angeblich sind dies doch die Besten der Besten."

„Dann müssten die Rehakonzepte ja auch in angemessener Weise auf Verlaufsdiagnostik, Behandlung und Therapieangebote, auf die jeweiligen Behandlungsziele und auf Maßnahmen der Einrichtung zur Reha-Nachsorge eingehen?"

„Ja, es muss umfassend und detailliert dargelegt werden, welche Reha-Ziele erreicht werden sollen, welche diagnostischen Verfahren und Therapien eingesetzt werden."

„Auch wie nachstationäre Verfahren eingesetzt werden?"

„Unbedingt. Das heißt, wie die Zusammenarbeit beispielsweise mit Selbsthilfegruppen, ambulanten Beratungs- und Behandlungsstellen gestaltet wird."

„In der FOCUS-Darstellung zu Reha-TOP-Kliniken habe ich hierzu allerdings nur wenig, oder ehrlich gesagt, gar nichts gefunden."

„Umso mehr ein Grund hier einmal genauer hinzuschauen."

„Individuelle Erfahrungen, sprich Lernvorgänge versucht man Maschinen in Form von neuronalen Netzen beizubringen."

„?"

Es wird ein mehrschichtiges System aus kleinsten Rechenaufgaben (Neuronen) aufgebaut, jedes Neuron gibt seine Ergebnisse an die Neuronen der darunter liegenden Schicht weiter (Regeln, nach denen berechnet und weitergegeben wird, verändern sich laufend). Ein neuronales Netz ermöglicht umso komplexere Lernvorgänge, je mehr Schichten es aufweist.

„Ein solches KI-System gewann erstmals selbst gegen professionelle Poker-Spieler."

„?"

„Beim Pokern müssen, anders als beim Schach, auch unvollständige Informationen berücksichtigt werden, da man nie weiß, ob der Gegner blufft."

„Und?"

„Das Konzept des Design-Thinking beruht auf der Annahme, dass Probleme besser gelöst werden können, wenn Menschen unterschiedlicher Disziplinen in einem kreativen Umfeld zusammenarbeiten."

„?"

„Um dann Konzepte zu entwickeln, die mehrfach geprüft werden."

„?"

„Das Verfahren orientiert sich an der Arbeit von Designern, die als eine Kombination aus Verstehen, Beobachtung, Ideenfindung, Verfeinerung, Ausführung und Lernen verstanden wird".

Und dies vor dem Hintergrund, das in Schulen und Universitäten über die Welt unterrichtet wird, wie sie war, nicht wie sie werden wird. Dies ist zu wenig, um den durch die Digitalisierung auf dem Arbeitsmarkt notwendigen Wandel zu meistern. Allgemeiner Konsens heute ist: alle Unternehmen (gleichgültig ob klein oder groß) werden künftig weniger Produkte und sehr viel mehr Dienstleistungen verkaufen, und der Weg dorthin kann allein durch Bildung geebnet werden.

Jeder Einzelne muss den Willen haben (oder entwickeln), sich weiterzubilden. Das Konzept des Design-Thinking ist auch deshalb attraktiv, weil es nicht auf bestimmte Branchen begrenzt ist, sondern vielmehr eine Denkweise zur Lösung komplexer Probleme in allen Bereichen darstellt. Es geht nicht zuletzt darum, die Chancen im Blick zu behalten, die durch künstliche Intelligenz, lernende Maschinen und neuronale Netzwerke entstehen. An das Konzept wird die Hoffnung geknüpft, dass Menschen mehr Zeit für Kreativität, Forschungsgeist und Experimente haben werden und sich dadurch vor allem auf Problemlösungen konzentrieren können.

„Es muss doch einen Weg geben, Patienten fundierte Informationen über Rehakliniken zur Verfügung zu stellen und sie so bei der Auswahl der für sie am besten geeigneten Einrichtung zu unterstützen", forderte Mister Knie.

„Ja klar, aber durch die Komplexität medizinischer Leistungen ist es nicht immer einfach, aussagefähige und vergleichbare Informationen zu erhalten", meinte Kostenträger-Manager Max Velten.

„Und warum?"

„Weil die veröffentlichten Informationen oft zu wenig transparent sind."

„Ja, wie im Fall der FOCUS-Empfehlungsliste ja klar geworden ist."

„Und oft zu subjektiv und damit als Basis für die Auswahl einer Klinik nicht geeignet sind."

Salve, lieber HOLA-Weggefährte,

Nichts ist mehr so wie es war

wenn wir einmal die allgegenwärtige KI fragen würden......

Sollte es eine Möglichkeit geben, während der Reha die Zeit zu nutzen, um an einem KI-Seminar teilzunehmen? Zu welchem Thema?

Es kann durchaus sinnvoll sein, während der Reha ein KI-Seminar zu besuchen, da es eine geistige Herausforderung bietet und gleichzeitig die Flexibilität erlaubt, die Du möglicherweise während der Genesung benötigst. Je nach Interesse könntest Du folgende Themen für ein KI-Seminar in Betracht ziehen:

1. **Grundlagen der Künstlichen Intelligenz**: Für den Einstieg in die Welt der KI, ideal, wenn Du Dir ein allgemeines Verständnis erarbeiten möchtest.
2. **Maschinelles Lernen und Deep Learning**: Hier lernst Du, wie Maschinen aus Daten lernen und wie neuronale Netzwerke funktionieren.
3. **KI in der Medizin**: Besonders relevant, wenn Du wissen möchtest, wie KI in der Gesundheitsbranche eingesetzt wird, z.B. für Diagnosen und Therapieunterstützung.
4. **Ethik und KI**: Dieser Kurs könnte spannend sein, um zu diskutieren, wie KI verantwortungsvoll entwickelt und eingesetzt werden kann.

5. **Praktische Anwendungen von KI**: Ein Seminar, das sich auf konkrete Anwendungen und Beispiele aus verschiedenen Branchen fokussiert.

Fiktive Unterhaltung zwischen zwei Reha-Patienten, die ihre Erfahrungen mit KI austauschen:

Zwei Reha-Patienten, Peter und Monika, sitzen in der Cafeteria und unterhalten sich über ihre Erfahrungen mit Künstlicher Intelligenz (KI).

Peter: „Also, Monika, gestern hab ich zum ersten Mal so einen KI-Assistenten benutzt. Musste einen Termin beim Arzt ausmachen. Ich sag dir, der hat sich mehr um mein Leben gekümmert als meine Familie!"

Monika: „Ach, wirklich? Was hat er denn gemacht? Dir gesagt, wann du deine Vitamine nehmen sollst?"

Peter: „Fast! Ich hab ihm gesagt: 'Mach mir einen Termin beim Arzt', und was sagt er? 'Basierend auf Ihrem aktuellen Gesundheitszustand und Ihren Schlafgewohnheiten sollten Sie früher ins Bett gehen und weniger Kaffee trinken.'"

Monika: *lacht* „Klingt, als wäre deine KI-Assistentin deine neue persönliche Trainerin! Und, was hast du gemacht?"

Peter: „Na, ich hab ihr geantwortet: 'Du bist nicht meine Mutter!' Aber sie hat einfach weiter mit Tipps um sich geworfen.

Sogar, welche Serien ich weniger gucken soll, weil sie 'nicht gut für mein mentales Wohlbefinden' wären."

Monika: *schmunzelt* „Wahnsinn. Bald wird die KI uns wahrscheinlich auch noch sagen, wie wir atmen sollen. Bei mir war's nicht besser. Ich hab neulich so einen intelligenten Fitnesstracker ausprobiert, der meine Schritte zählt und Tipps gibt."

Peter: „Und? Hat er dir auch gesagt, du sollst weniger Serien schauen?"

Monika: „Nein, schlimmer! Er hat mir gesagt, ich solle aufstehen und ein paar Schritte gehen, während ich mitten in der Reha-Behandlung lag! Ich hab ihm geantwortet: 'Sorry, bin grad ans Bett gefesselt, kannst du das nicht checken?'"

Peter: *lacht laut* „Ja, genau! Manchmal sind diese Dinger echt zu schlau für ihr eigenes Wohl. Als Nächstes sagen sie uns, wann wir atmen sollen, oder noch besser, sie sagen uns: 'Du atmest falsch!'"

Monika: „Da haben wir es: Die KI-Revolution übernimmt sogar unsere Reha. Bald brauchen wir keine Physiotherapeuten mehr, nur noch KI-Avatare, die uns sagen, was wir falsch machen."

Peter: „Na hoffentlich haben die dann wenigstens Humor, sonst wird's langweilig. Vielleicht sollten wir uns einfach einen KI-Assistenten zusammen basteln, der nur Witze über unseren Zustand macht."

Monika: „Deal! Ich nenne meinen 'Dr. Lachen', er kann mir dann auch sagen, dass Lachen die beste Medizin ist!"

KI Ende

Ohne ein Roboter zu sein, könnte man als Mensch vielleicht meinen:

Fiktive Dialoge - ein paar Stunden Intensivcoaching
Denkanstöße
Wissensmanagement
Storytelling
Content
Inspiration
Diskurs
DecisionSupport
Gehirntraining - wenn es gut werden soll
Verstehen lernen
Vernetzt denken
Potenziale ausschöpfen
Komplexität reduzieren
Gestaltbar machen
Wissen transferieren
Proaktiv agieren

Executive Coaching
Denkstudio für strategisches Wissensmanagement

Deep Learning bezeichnet mehrschichtige künstliche neuronale Netze, die sich in abstrakter Form an den Informationsverarbeitungsprozessen im menschlichen Gehirn orientieren. Maschinen lernen, auf Basis von Beispieldaten Aufgaben zu lösen, Umgebungen zu verstehen, Handlungen zu planen, auf Hindernisse zu reagieren, mit Menschen zu kommunizieren, Entscheidungen zu treffen. Sie können Prozesse planen und optimieren, Prognosen treffen, Muster oder Auffälligkeiten erkennen oder Bild- und Sprachsignale analysieren. Schwerpunkte liegen in den Bereichen industrielle Produktion, Einzelhandel, Medizin oder Finanzen.

„Maschinelle Lernverfahren können bei der Untersuchung von komplexen Situationen genutzt werden."

„?"

„Es gibt viele Level von Assistenzsituationen: von vollständig menschgeführt bis vollständig autonom."

„?"

Während Blackbox-Modelle das physikalische Modell der lernenden Problemstellung nicht berücksichtigen wird es in Whitebox-Algorithmen so genau wie möglich hergeleitet und mitverwendet. Im Rahmen der Analyse hochkomplexer Daten wissen manchmal Experten nicht genau, wie neuronale Netze zu bestimmten Ergebnissen kommen.

„Man füttert gewissermaßen eine Blackbox mit Werten und erhält überraschend gut verwendbare Ergebnisse".

„?“

„Maschinelle Lernverfahren helfen auch, sowohl Daten als auch Wissen aus der Literatur in einer Größenordnung zu extrahieren, die weit über die kognitiven Fähigkeiten einzelner Wissenschaftler hinausgeht.“

„?“

„Mit maschineller Hilfe können Modelle der Welt generiert werden, die jenseits menschlicher Leistungsfähigkeit neue Einsichten in Wirkungsmechanismen erlauben.“

„?“

„Mit steigender Vernetzung steigt auch die Menge der verfügbaren und damit nutzbaren Daten.“

„?“

„Für die Nutzung steigender Informationsberge braucht man eine geeignete Datenanalytik.“

„?“

Es gibt zwei grundsätzliche Vorgehensweisen: Beim Fort-Knox-Ansatz schotten sich Unternehmen ab, Daten und Informationen werden mit erheblichem Aufwand geschützt. Die „Schwarzdenker“ sehen in der Herausgabe von Daten in erster Linie Gefahren.

Der andere Ansatz handelt nach dem Motto „Ich teile alles“: Unternehmen und Nutzer von Diensten geben Daten freiwillig heraus, obwohl sie damit die Kontrolle über sie verlieren. Sie sehen mehr Chancen als Risiken, weshalb man sie auch als „Weißdenker“ bezeichnet.

„Werden in dem funktionsorientierten Behandlungskonzept für meine Knie-TEP auch die Anforderungen der Leistungsträger und die aktuellen Leitlinien der maßgeblichen Fachgesellschaften entsprechend berücksichtigt?", fragte Mister Knie.

„In jedem Fall müssten in Reha-Kliniken, die beispielsweise von DEKRA zertifiziert oder von FOCUS als TOP-Klinik dokumentiert wurden, solche Konzepte intern weiterentwickelt und zeitnah an die Anforderungen der Rehabilitationsträger angepasst werden", antwortete Audit-Manager David Kunze.

„Dann muss ich mich also auf solche Zertifizierer verlassen können?"

„Jedenfalls ist das ja der Sinn solcher Zertifikate, auf die viele Reha-Kliniken ja ausdrücklich bei jeder sich ihnen bietenden Gelegenheit verweisen."

„Wie weit solche Ankündigungen dann auch wirklich konkret umgesetzt werden, werde ich dann ja während des Reha-Prozesses erfahren."

„Ja, denn dann geht es nicht nur um die Wahl einer Reha-Klinik, sondern vor allem um die Qualitätssicherung, die in dieser Einrichtung stattfindet."

„Sollte es in dem Behandlungskonzept auch Hinweise zum Umgang mit indikationsspezifischen Risikofaktoren und Komplikationen, zum Beispiel einer Wundheilungsstörung, geben?"

„Natürlich, das gehört doch einfach dazu,"

„Zum Beispiel habe ich gehört, dass von der Deutschen Rentenversicherung speziell für die Knie-TEP detaillierte Therapiestandards entwickelt wurden."

„Stimmt, obwohl dies wohlgemerkt nur Mindeststandards sind."

„Das heißt, die in jedem Fall erfüllt werden müssen?"

„Selbstverständlich, genauso wie alle Leitlinien der Leistungsträger."

„Noch eine Frage: Müssen bei der Planung des Rehaprozesses auch meine Wünsche als Patient berücksichtigt werden?"

„Grundsätzlich immer. In einer guten Einrichtung ist das ja gerade ein wesentlicher Bestandteil einer detaillierten Zielvereinbarung."

„Das heißt, die Einrichtung sollte Regeln beschrieben haben, nach denen gegebenenfalls auch verschiedene Interessenlagen der an einer Rehabilitation Beteiligten abgestimmt werden können?"

„Auch hierfür wurde von der Deutschen Rentenversicherung ein umfangreicher Leitfaden entwickelt."

Salve, lieber HOLA-Weggefährte,

Nichts ist mehr so wie es war

wenn wir einmal die allgegenwärtige KI fragen würden......

Eine Reha-Begegnung

Es war ein klarer Herbstmorgen in der Reha-Klinik. Die Bäume hatten ihre Blätter in goldene und rote Farbtöne getaucht, und der Geruch von frischer Erde lag in der Luft. Anna saß auf einer Bank im Garten und genoss die Stille, als sie plötzlich eine Stimme hörte.

„Schöner Tag, nicht wahr?" Ein Mann mittleren Alters, sportlich, mit einem freundlichen Lächeln, setzte sich neben sie. Sein Name war Tom, und sie hatten sich schon ein paar Mal bei den Gruppentherapien gesehen, aber nie wirklich gesprochen.

„Ja, wirklich wunderschön", antwortete Anna und spürte, wie ihr Herz ein wenig schneller schlug. Sie war seit ein paar Wochen in der Reha und hatte sich darauf konzentriert, wieder zu sich selbst zu finden. Flirten oder gar an eine Beziehung zu denken, war das Letzte, was ihr in den Sinn gekommen war. Doch da war etwas an Tom – eine gewisse Wärme, die sie anzog.

In den nächsten Tagen sahen sie sich öfter. Bei den Mahlzeiten, in der Physiotherapie oder einfach, wenn sie im Garten saß. Sie begannen, sich über das Leben, ihre Ziele und die Herausforderungen, denen sie sich in der Reha stellten, auszutauschen. Es war nicht das typische Flirten – es war tiefer. Sie verstanden einander auf eine Art, die nur Menschen verstehen können, die gerade dabei sind, sich neu zu ordnen.

„Denkst du, es ist okay, dass wir uns hier so nahe kommen?" fragte Anna eines Abends, als sie sich zusammen auf eine Bank im Schein der untergehenden Sonne setzten.

Tom lächelte sanft. „Ich denke, dass es genau hier, an einem Ort der Heilung, wichtig ist, solche Verbindungen zu knüpfen. Es hilft, uns zu erinnern, dass wir Menschen sind, mit Gefühlen und Bedürfnissen. Natürlich muss man respektvoll damit umgehen – für sich selbst und die anderen."

Anna nickte. Sie wusste, dass es hier nicht um ein oberflächliches Abenteuer ging, sondern um eine echte zwischenmenschliche Verbindung. Es war ein zarter, vorsichtiger Schritt in Richtung einer neuen Freundschaft – vielleicht sogar mehr.

Mit der Zeit lernten sie, dass die Reha nicht nur ein Ort der körperlichen Genesung war, sondern auch der emotionalen. Und während man vorsichtig sein musste, sich selbst und den Heilungsprozess zu respektieren, waren zwischenmenschliche Beziehungen manchmal genau das, was das Herz brauchte, um wirklich gesund zu werden.

KI Ende

Ohne ein Roboter zu sein, könnte man als Mensch vielleicht meinen:

Fiktive Dialoge - ein paar Stunden Intensivcoaching
Denkanstöße
Wissensmanagement
Storytelling
Content
Inspiration
Diskurs
DecisionSupport
Gehirntraining - wenn es gut werden soll
Verstehen lernen
Vernetzt denken
Potenziale ausschöpfen
Komplexität reduzieren
Gestaltbar machen
Wissen transferieren
Proaktiv agieren

Executive Coaching
Denkstudio für strategisches Wissensmanagement

„Ein weiterer Blick auf Grundsätzliches."

„?"

„Nach den Vorstellungen mancher Forscher sollte der Dateneigentümer die Möglichkeit haben, die Art der Nutzung seiner Daten durch Dritte zu kontrollieren."

„?"

„Beispielsweise durch zeitliche oder räumliche Einschränkung der Datennutzung."

„?"

„Daten werden nach einer bestimmten Zeit gelöscht, bei Verlassen eines geschützten Raumes werden bestimmte Daten nicht mehr angezeigt."

„?"

„Das Auslagern von Daten außerhalb eines definierten Rechtsraumes wird erkannt und dem Dateneigentümer mitgeteilt."

„?"

Für die Digitalisierung der Wertschöpfungsketten braucht man mehr Chips. Mehr Chips aber bedeuten: mehr Software in Maschinen und Produkten. Das Gesetz von Moore: die Zahl der auf einem Siliziumchip vorhandenen Transistoren verdoppelt sich alle 24 Monate. Experten rechnen aber mit einem Ende dieser Gesetzmäßigkeit.

„Ohnehin war klar, dass das Moore'sche Gesetz als eine Exponentialfunktion nicht in alle Ewigkeit so weiter fortgeschrieben werden konnte."

„Aber die Welt dreht sich trotzdem weiter."

„Und zwar immer schneller."

„Ja, nie wieder wird sich die Welt so langsam verändern wie heute ."

„Wo könnten mit den Erkenntnissen von Neurowissenschaften also Fortschritte erzielt werden, die derzeit noch außerhalb der menschlichen Vorstellungskraft liegen?"

„Steigerung der Energieeffizienz?"

„Ja, vor dem Hintergrund der Tatsache, dass ein menschliches Gehirn für manchmal unglaubliche Leistungen nur gerade einmal zwanzig Watt verbraucht, um zu funktionieren." Oder es wird behauptet: Jeder Dollar, der zum Beispiel in die Erforschung des Genoms gesteckt wird, hat den Kapitaleinsatz um das 200-fache zurückverdient?"

„Könnte man denn nicht eine Bewertungsmethode entwickeln, um Patienten komprimierte, nachvollziehbare und geprüfte Informationen als Basis für die Auswahl einer geeigneten Rehaklinik zu liefern?", wollte Mister Knie denn doch gerne wissen.
„Natürlich ist das möglich", versicherte Consultant-Manager Robert Brent.
„Und wie?"
„Indem die Qualität einzelner Rehakliniken anhand unterschiedlicher Faktoren, den Qualitätsdimensionen, dargestellt wird."
„Würden denn dafür auch bereits vorhandene Qualitätskennzahlen mit großer Verbreitung und Akzeptanz zur Beurteilung einer Klinik ausgewählt?"
„Ja, natürlich unter der Voraussetzung: Die Qualitätskennzahlen wurden auf Grundlage einer soliden und abgesicherten Datenbasis transparent und nachvollziehbar ermittelt."
„Und sonst?"
„Wo solche Kennzahlen nicht verfügbar sind, müssen wissenschaftlich fundierte Kennzahlen durch Experten ermittelt werden."
„Auch unter Einbeziehung von Patientenzufriedenheit?"

„In jedem Fall. Sie könnte durch unabhängige Befragungs-institute ermittelt werden."

„Welche weiteren Angaben wären noch erforderlich?"

„Durch zusätzliche Angaben zu Spezialisierungen und Ausstattung von Kliniken sollte dann jeder Interessent die hoffentlich für ihn am besten geeignete Einrichtung finden können."

„Auch wenn mit meiner Knie-TEP alles glatt verläuft, stehe ich immer noch vor dem Problem, im Anschluss daran eine Einrichtung zu finden, die mich während des Rehaprozesses gut versorgt", sagte Mister Knie.

„Ich weiß, das alles ist nicht einfach. Gerade, weil der Gesamterfolg der Knie-TEP nicht nur von der OP im Akutkrankenhaus, sondern genauso von der sich nahtlos daran anschließenden Reha abhängt", sagte seine Ehefrau Esther.

„Genau, obwohl nach meinem Eindruck viele immer nur Teile anstatt das Ganze sehen."

„Was wäre denn daran so schlimm?"

„Weil die in der Reha vielleicht nur in einer Art Aktionsmodus denken und handeln und sich dabei nur auf Quantitatives konzentrieren."

„Zumindest würdest du dann doch nach Anzahl und Dauer die Therapien erhalten, wie sie als Mindestvoraussetzung für eine Knie-TEP im Leitfaden der Deutschen Rentenversicherung vorgeschrieben sind."

„Um dir zu erklären, was ich gemeint habe, möchte ich die Dinosaurier einmal mit der Spezies der Schmetterlinge vergleichen."

„Wäre das denn nicht zu weit hergeholt?"

„Wart's ab. Den Schmetterlingen hat nämlich gerade ihre außerordentliche Anpassungsfähigkeit das Überleben unter veränderten Umfeldbedingungen ermöglicht."

„Verstehe, auch deine Knie-TEP sollte immer sofort den neuesten hierzu vorliegenden Erkenntnissen folgen?"

„Exakt, das will ich mit meinem Bild ausdrücken."

„Und warum war denn nun das Prinzip der Schmetterlinge so erfolgreich?"

„Weil die wahre Anpassungskünstler sind und sich nie immer nur auf eine Variable konzentriert haben."

„So wie die Dinosaurier?"

„Ja, sie haben nämlich weder ihre Muskelkraft maximiert noch sich auf Farbeffekte konzentriert, sondern es verstanden, immer alle für ihre nachhaltige Weiterentwicklung relevanten Variablen optimal aufeinander abzustimmen und auszubalancieren."

„Um das Bild weiterzuführen, würdest du das auch von deinem Rehaprozess erwarten?"

„Weil nämlich Einrichtungen mit einer solchen Schmetterlingsmentalität Veränderungen in ihrem Umfeld unmittelbarer wahrnehmen würden und mit dem Vorhandensein hierfür erforderlicher Kompetenzen zeitnah in eine maximale Patientenorientierung umsetzen könnten."

„Wäre das denn nicht in erster Linie auch eine Sache für das Reha-Personal?"

„Vor allem für das mit einer oft noch herkömmlichen Einstellung."

„Die deiner Meinung nach wie aussieht?"

„Beispielsweise: Ich bin nur ein Rädchen im Getriebe und schwimme am besten immer im Strom mit, wenn etwas schiefgeht schiebe ich es anderen in die Schuhe, je mehr Leute mir unterstehen desto wichtiger bin ich, ich weiß genug, wenn ich die Vergangenheit kenne – es ändert sich ohnehin nichts."

„Wie sollte denn eine Einstellung nach deiner Schmetterlingsmentalität aussehen?"

„Beispielsweise: Nicht die Einrichtung sondern letztlich der Patient zahlt unser Gehalt – daher muss ich mich bemühen ihn zufriedenzustellen, jede Arbeit im Rehaprozess ist wichtig: meine Entlohnung entspricht dem Wert den ich für die Einrichtung darstelle, ich bin Teil einer Teams: wir erreichen etwas gemeinsam oder wir scheitern – wenn wir scheitern gibt es keine Gewinner, dauerndes Dazulernen ist regelmäßiger Teil meiner Arbeit."

„Du bist und bleibst doch ein Idealist."

„Wobei ich mich aber frage, warum eigentlich Selbstverständlichkeiten immer auf ein Podium des Idealen gehoben werden müssen."

Salve, lieber HOLA-Weggefährte,
Nichts ist mehr so wie es war

wenn wir einmal die allgegenwärtige KI fragen würden......

Oft geht es nicht um Zahlen, sondern um Erlebnisse und Ereignisse. aus denen wir versuchen, dann eine Erzählung zu stricken

Ja, genau! Geschichten und Erlebnisse haben oft eine viel stärkere Wirkung auf uns als reine Zahlen oder Fakten. Sie wecken Emotionen und verbinden uns mit dem Erlebten. Wenn wir Geschichten erzählen, schaffen wir einen Zusammenhang, der die Ereignisse sinnhaft macht und es leichter macht, sich zu erinnern und daraus zu lernen. In einem beruflichen oder persönlichen Kontext können solche Erzählungen auch helfen, komplexe Ideen zu vermitteln und andere Menschen zu inspirieren. Erzählen Sie oft Geschichten aus Ihrer eigenen Erfahrung, sei es in Ihrem Berufsleben oder bei Ihren Klassentreffen?

Wie können Rechner mit Lernalgorithmen bereits heute aus umfangreichen, komplexen Daten Muster extrahieren, um Vorhersagen treffen und selbständig Entscheidungen fällen zu können. Wie können Prognosen mathematisch berechnet werden?

Rechner, die Lernalgorithmen nutzen, um aus großen und komplexen Datenmengen Muster zu extrahieren und Vorhersagen zu treffen, basieren häufig auf **Machine Learning** (ML)-Techniken. Im Wesentlichen lernen diese Algorithmen aus historischen Daten und erkennen darin Muster, die ihnen ermöglichen, auf neue, ungesehene Daten zu reagieren. Hier ist eine Übersicht, wie das funktioniert und wie Prognosen mathematisch berechnet werden können:

1. Datenerhebung und -vorverarbeitung:

- Zunächst werden große Mengen an Daten gesammelt. Diese Daten können verschiedene Formen haben: strukturierte Daten (z. B. Tabellen) oder unstrukturierte Daten (z. B. Text oder Bilder).
- Die Daten werden oft **vorverarbeitet**: Fehler werden entfernt, fehlende Werte werden behandelt und Daten werden normalisiert, um sie für das Modell nutzbar zu machen.

2. Feature-Engineering:

- **Features** sind messbare Eigenschaften der Daten, die für das Modell relevant sind. Beispielsweise könnte in einem Datensatz über Wohnungen die Wohnfläche oder der Preis eines wichtigen Features sein.
- Dieser Schritt erfordert Fachwissen, um sicherzustellen, dass die richtigen Features ausgewählt und möglicherweise neue aus den bestehenden berechnet werden.

3. Wahl des Modells:

Es gibt verschiedene Arten von Machine-Learning-Modellen, die zur Vorhersage verwendet werden können. Einige gängige Modelle sind:

- **Lineare Modelle**: z. B. lineare Regression. Diese sind besonders nützlich, wenn die Beziehung zwischen den Variablen relativ einfach und linear ist.
- **Entscheidungsbäume**: Diese erstellen ein Modell basierend auf Bedingungen, die Daten in verschiedene Kategorien aufteilen.
- **Neuronale Netze**: Diese imitieren die Funktionsweise des menschlichen Gehirns und eignen sich besonders gut für komplexe und nicht-lineare Probleme.
- **Ensemble-Methoden**: Kombinationen von mehreren Modellen, z. B. Random Forest oder Gradient Boosting, um die Vorhersagegenauigkeit zu erhöhen.

4. Training des Modells:

- Der Lernalgorithmus nutzt die Trainingsdaten, um ein Modell zu erstellen. Dies geschieht durch die **Minimierung eines Fehlers**, der anzeigt, wie weit die Vorhersagen des Modells von den tatsächlichen Ergebnissen abweichen.
- Dieser Fehler wird oft durch mathematische Funktionen wie **Mean Squared Error (MSE)** oder **Cross-Entropy** quantifiziert, die anzeigen, wie genau das Modell arbeitet.

5. Mathematische Berechnung von Prognosen:

Die Berechnung von Vorhersagen kann je nach Modell unterschiedlich erfolgen. Ein einfaches Beispiel ist die **lineare Regression**, die nach folgender Gleichung arbeitet:

$$y^\wedge = w0 + w1x1 + w2x2 + \ldots + wnxn \hat{y} = w\_0 + w\_1 x\_1 + w\_2 x\_2 + \ldots + w\_n x\_n y^\wedge = w0 + w1x1 + w2x2 + \ldots + wnxn$$

Hierbei ist:

- $y^\wedge \hat{y} y^\wedge$ die Vorhersage,
- $w0, w1, \ldots, wn w\_0, w\_1, \ldots, w\_n w0, w1, \ldots, wn$ sind die Gewichtungen (Parameter) des Modells,
- $x1, x2, \ldots, xn x\_1, x\_2, \ldots, x\_n x1, x2, \ldots, xn$ sind die Features.
-

6. Entscheidungsfindung:

- Ein trainiertes Modell kann dann genutzt werden, um neue Datenpunkte zu bewerten und Vorhersagen zu treffen. Diese Vorhersagen können als Entscheidungsgrundlage dienen.
- In komplexeren Fällen, wie bei **Neuronalen Netzen**, wird die Entscheidungsfindung auf Grundlage zahlreicher Schichten von Berechnungen getroffen, die sich iterativ verbessern.

7. Modellbewertung und -anpassung:

- Nach dem Training wird das Modell mit **Testdaten** bewertet, die es zuvor nicht gesehen hat. Die Ergebnisse werden analysiert, um sicherzustellen, dass das Modell gut generalisiert und nicht nur spezifische Trainingsdaten auswendig gelernt hat (**Overfitting**).
- Gegebenenfalls wird das Modell weiter angepasst, indem Parameter optimiert oder mehr Daten gesammelt werden.

Beispiele für Anwendungen:

- **Finanzprognosen**: Aktienkursvorhersagen basieren auf historischen Daten, Marktindizes und anderen Faktoren.
- **Medizinische Diagnose**: KI-Systeme erkennen Muster in medizinischen Bildern und unterstützen bei der Diagnosestellung.
- **Wettervorhersage**: Modelle erkennen klimatische Muster und treffen Vorhersagen für zukünftige Wetterereignisse.

Durch diese Methoden können Rechner komplexe Daten interpretieren und sinnvolle Entscheidungen oder Prognosen ableiten.

KI Ende

Ohne ein Roboter zu sein, könnte man als Mensch vielleicht meinen:

Fiktive Dialoge - ein paar Stunden Intensivcoaching
Denkanstöße
Wissensmanagement
Storytelling
Content
Inspiration
Diskurs
DecisionSupport
Gehirntraining - wenn es gut werden soll
Verstehen lernen
Vernetzt denken
Potenziale ausschöpfen
Komplexität reduzieren
Gestaltbar machen
Wissen transferieren
Proaktiv agieren

Executive Coaching
Denkstudio für strategisches Wissensmanagement

Künstliche Intelligenz ermöglicht selbstfahrende Autos, versteht natürliche Sprachen, diagnostiziert Krankheitsbilder, sagt Börsenentwicklungen voraus. Nächste Entwicklungssprünge stehen angeblich bevor. Rechner können mit Lernalgorithmen bereits heute aus umfangreichen, komplexen Daten Muster extrahieren, um Vorhersagen treffen und selbständig Entscheidungen fällen zu können.

„Der Computer erlernt dabei in einem auf mehrere Schichten ver-
teilten Netz, wie Merkmale der höheren Ebene aus Merkmalen
der unteren Ebenen zusammengesetzt sind."

„?"

*Um beispielsweise Objekte auf Bildern zu erkennen, unterschei-
det das Netz auf einer unteren Ebene Ecken, Linien und so weiter,
auf höheren Ebenen klassifiziert es dann komplexe Formen, also
etwa Teile des Objektes (z.B. das Gesicht), bevor schließlich auf
der höchsten Ebene das Objekt als Ganzes (ein Kind) klassifiziert
werden kann. Das Lernen geschieht gleichsam ohne Bewusstsein,
Vernunft oder vorfabriziertes Wissen.*

„Und zum Grundsätzlichen?"
„Erzählen ist nicht aus der Zeit gefallen oder nur etwas für Bedu-
inenstämme oder Kindergärten."
„?"
„Den meisten von uns geht es nicht um Zahlen, sondern um Erlebnisse und Ereignisse."
„Aus denen wir versuchen, dann eine Erzählung zu stricken?"
„Ja, die gut ausgeht, vielleicht aufregend ist oder einen Sinn
ergibt."
„Indem wir uns so zu einem Teil von etwas Größeren machen,
werden wir fähig unsere Kleinheit zu ertragen, Niederlagen zu
überwinden?"

*Zu Menschen kann mit Hilfe von Personalbilanzen nicht nur das
„Was-ist", sondern auch das „Was-sein-könnte" (Potenziale,*

Perspektiven) verdeutlicht werden. Im Wettbewerb um qualifizierte Fachkräfte spielen „weiche", oft als nicht bewertbar beurteilte Personalfaktoren eine immer wichtigere Rolle. Über Personalbilanzen können diese „Intangibles" einer transparent nachvollziehbaren und einheitlich durchgängigen Bewertungssystematik zugeführt werden.

Auf der Zeitachse können durch den Vergleich fortgeschriebener Bilanzen Entwicklungen und Trends ablesbar gemacht werden. Die Darstellung legt auch die Dynamik der Wirkungsbeziehungen zwischen Personalfaktoren mit Hebel- und Rückkoppelungseffekten offen (graphische Netzdarstellung).

„Es gibt doch Webseiten, auf den Informationen zur Rehaqualität zusammengestellt und Patienten angeblich objektiv über die Leistungen verschiedener Rehakliniken informiert werden und diese damit selbst transparent vergleichen können?", fragte Mister Knie.

„Ja, jedenfalls behaupten das einige Anbieter", meinte Journalistin Carola Meinhold.

„Sind denn solche Webseiten ausschließlich für Patienten gedacht?"

„Angeblich sollen sich hier auch Mitarbeiter der Kostenträger oder Sozialdienste informieren können."

„Kann eine Webseite das denn wirklich leisten?"

„Nach Mitteilungen des Betreibers werden ja Fachgesellschaften und Klinikvertreter in die Begutachtung der Informationen mit einbezogen."

„Damit ich das jetzt richtig verstehe: FOCUS beruft sich für die Ermittlung der besten Rehakliniken auch stark auf Empfehlungen von Sozialdiensten?"

„Ja, wobei auch ich mich schon immer gefragt habe, über welche Qualitätsdaten eigentlich die Sozialdienste verfügen und dann hieraus auch noch gezielte Empfehlungen ableiten können."

„Es wäre also nicht auszuschließen, dass über die Sozialdienste lediglich von einer solchen Webseite entnommene Informationen an FOCUS weitergeleitet wurden und der dann daraus seine Gütesiegel bastelt?"

„Solange nicht das Gegenteil belegt werden kann, warum sollte es nicht so sein? Geschäft bleibt schließlich Geschäft."

Salve, lieber HOLA-Weggefährte,
Nichts ist mehr so wie es war

wenn wir einmal die allgegenwärtige KI fragen würden......

Lernen heißt leben – wie viel Zeit bleibt dem homo sapiens?

Die Zeitspanne, die dem **Homo sapiens** zum Lernen bleibt, ist sowohl biologisch als auch philosophisch betrachtet interessant. Biologisch gesehen leben Menschen heute im Durchschnitt etwa

70–80 Jahre, wobei diese Zahl je nach Land und Lebensumständen variiert. Lernen ist ein lebenslanger Prozess, der in verschiedenen Lebensphasen unterschiedlich intensiv ausgeprägt sein kann.

- **Frühe Jahre (0–25 Jahre)**: In dieser Phase lernen Menschen am schnellsten und am meisten. Die Entwicklung des Gehirns ist noch nicht abgeschlossen, und es werden grundlegende Fähigkeiten wie Sprache, Sozialverhalten und komplexes Denken erworben.
- **Mittlere Jahre (25–50 Jahre)**: Obwohl das Gehirn langsamer wird, bleibt es plastisch, und Menschen können weiterhin neue Fähigkeiten erlernen, sei es durch berufliche oder persönliche Weiterentwicklung.
- **Späte Jahre (ab 50 Jahre)**: Viele Menschen sind in der Lage, auch in späteren Jahren aktiv zu lernen. Die Lernmethoden ändern sich, und oft stehen reflektierende, tiefere Lernprozesse im Vordergrund.

Philosophisch könnte man argumentieren, dass Lernen eine endlose Reise ist, die nicht nur die Akkumulation von Wissen, sondern auch die Selbstverwirklichung und das Verstehen des Lebens und der eigenen Existenz umfasst. Viele Kulturen und Weisheitstraditionen sehen Lernen als eine Art evolutionäre Notwendigkeit, die dem Menschen hilft, sich anzupassen, zu überleben und Sinn zu finden.

Technologische Fortschritte wie künstliche Intelligenz und digitale Lernplattformen ermöglichen es Menschen, kontinuierlich zu lernen und möglicherweise die Lebensspanne und die Qualität des Lernens zu erweitern.

KI Ende

Ohne ein Roboter zu sein, könnte man als Mensch vielleicht meinen:

Fiktive Dialoge - ein paar Stunden Intensivcoaching
Denkanstöße
Wissensmanagement
Storytelling
Content
Inspiration
Diskurs
DecisionSupport
Gehirntraining - wenn es gut werden soll
Verstehen lernen
Vernetzt denken
Potenziale ausschöpfen
Komplexität reduzieren
Gestaltbar machen
Wissen transferieren
Proaktiv agieren

Executive Coaching
Denkstudio für strategisches Wissensmanagement

Lernen heißt leben – wie viel Zeit bleibt dem homo sapiens? Manche stellen sich vielleicht die Frage, ob es ein so seltener Zufall (der sich im gesamten Universum nur einmal abgespielt hat) gewesen sei, der zur Entstehung des Lebens geführt habe (dann wären wir allein). Oder „war es in einer ähnlich zusammen-gesetzten Ursuppe auf einem ähnlich beschaffenen Himmelskörper tatsächlich unvermeidlich, dass sich aus Materie Leben formt?".

„Manche glauben, dass es ein Programm gegeben haben muss, nach dem der Mensch bereits im Urknall angelegt gewesen sei?"

Die physikalischen Bedingungen hätten für Konvergenz gesorgt, also dafür, dass alles so kam, wie es kommen musste. Flügel mussten entstehen, weil es Luft gab, Flossen waren nötig, weil es Wasser gab.

„Aber eine Tatsache ist auch, dass die überwältigende Mehrheit aller jemals entstandenen Arten im Laufe der Erdgeschichte auf der Strecke geblieben ist."

„So kann also niemand wissen, wie viel Zeit dem Homo sapiens noch bleibt?"

„Die durchschnittliche Überlebensdauer einer Säugetierart hat in der Vergangenheit bei einer Million Jahren gelegen."

„Danach hätte der Mensch seine beste Zeit ja noch vor sich?"

„Aber er ist kein passiver Teilnehmer der Geschichte, der die Dinge hinnimmt, wie sie sind."

„Nein, dank seiner ausgeprägten Erfindungsgabe greift er überall ein, und das nicht immer zu seinen Gunsten".

„?

Mehr als eine Million Jahre lang haben Urmenschen bloß einen Faustkeil nach dem anderen produziert.....erst durch die Landwirtschaft, die vor rund zehntausend Jahren mit dem Sesshaftwerden einherging, emanzipiert sich der Mensch von der Natur. Plötzlich gibt es mehr Nahrung, als er auf der Stelle verzehren kann. Es konnten Berufe wie der des Töpfers oder der des Schmieds entstehen. Aber Tatsache ist auch: die alkoholische Gärung haben nicht Menschen, sondern Zuckerhefen erfunden. Das Echolot wurde längst von Fledermäusen und Delphinen benutzt.

Salve, lieber HOLA-Weggefährte,
Nichts ist mehr so wie es war

wenn wir einmal die allgegenwärtige KI fragen würden......

Würde sich eine überlegene Denkmaschine wirklich daranmachen, den Urgrund allen Seins zu ergründen und das Universum mit Bewusstsein zu fluten?

Beschreibe die Suche nach der besten Rehaklinik mit dem Modell des Entscheidungsbaums

Eine überlegene Denkmaschine, die sich daranmacht, den "Ur-grund allen Seins" zu ergründen und das Universum mit Bewusstsein zu fluten, würde wahrscheinlich mit einer hyper-rationalen, systematischen Herangehensweise beginnen. Sie würde jede Theorie, jedes mögliche Modell der Realität analysieren, um die tiefste Natur von Existenz und Bewusstsein zu verstehen. Dieser Ansatz könnte sehr philosophisch und metaphysisch sein, da die Maschine versuchen würde, den Ursprung des Bewusstseins, die Struktur des Universums und mögliche Ziele des Seins zu identifizieren. Ob sie tatsächlich "das Universum mit Bewusstsein fluten" würde, hängt jedoch von ihrer Definition von Zweck und ethischer Verantwortung ab. Würde sie denken, dass Bewusstsein der Schlüssel zu einer besseren Existenz ist? Und wenn ja, wie würde sie ethisch und verantwortlich mit solchen Kräften umgehen?

Entscheidungsbaum für die Suche nach der besten Rehaklinik

Das Entscheidungsbaum-Modell kann die Suche nach der besten Rehaklinik in logische Schritte unterteilen, um die Entscheidung zu erleichtern:

1. **Startknoten: Grund der Rehabilitation**
   - o Physische Rehabilitation
   - o Psychische Rehabilitation
   - o Kombination
2. **Zweig 1: Art der Behandlungen**
   - o Physiotherapie
   - o Ergotherapie
   - o Psychotherapie

- Spezialisierte Therapien (z.B. neurologische oder kardiologische Rehabilitation)

3. **Zweig 2: Standortpräferenzen**
   - Nähe zum Wohnort
   - Regionale Vorlieben (z.B. Stadt, ländliche Umgebung, Berge, Meer)
   - Anbindung an öffentliche Verkehrsmittel oder Verfügbarkeit von Parkplätzen

4. **Zweig 3: Klinikspezialisierung**
   - Allgemeinmedizinische Rehakliniken
   - Fachspezialisierte Kliniken (z.B. orthopädisch, neurologisch, onkologisch)
   - Private oder öffentliche Kliniken

5. **Zweig 4: Verfügbarkeit von Zusatzangeboten**
   - Wellness-Programme (z.B. Schwimmen, Saunen, Ernährungsberatung)
   - Freizeitangebote (z.B. Wanderungen, Sportmöglichkeiten)
   - Soziale Unterstützung (z.B. Gruppenangebote, psychologische Beratung)

6. **Zweig 5: Kostenübernahme**
   - Wird die Klinik von der Krankenkasse übernommen?
   - Zuzahlungspflichtige Kliniken?
   - Reha auf eigene Kosten

7. **Zweig 6: Bewertungen und Empfehlungen**
   - Bewertungen durch Patienten
   - Empfehlungen von Ärzten
   - Erfolgsquote der Klinik

8. **Endknoten: Auswahl der besten Klinik**

- o Kombination der oben genannten Kriterien, um die beste Rehaklinik basierend auf den individuellen Bedürfnissen und Vorlieben auszuwählen.

Dieser Entscheidungsbaum kann sehr flexibel sein, da du jeden Faktor entsprechend deiner Prioritäten gewichten und filtern kannst, um zu einer optimalen Entscheidung zu gelangen.

KI Ende

Ohne ein Roboter zu sein, könnte man als Mensch vielleicht meinen:

Fiktive Dialoge - ein paar Stunden Intensivcoaching
Denkanstöße
Wissensmanagement
Storytelling
Content
Inspiration
Diskurs
DecisionSupport
Gehirntraining - wenn es gut werden soll
Verstehen lernen
Vernetzt denken
Potenziale ausschöpfen
Komplexität reduzieren
Gestaltbar machen
Wissen transferieren

Proaktiv agieren

Executive Coaching
Denkstudio für strategisches Wissensmanagement

*Quallen und Tintenfische haben den Raketenantrieb hervorge-
bracht. Libellen beherrschen den Helikopterflug. Aber für diese
Erfindungen hat die Natur Jahrmillionen gebraucht. Der Mensch
ist erst relativ kurz dabei, stellte aber mit der Erfindung u.a. der
Dampfmaschine (industrielles Zeitalter) bald alle anderen in den
Schatten.*

„Der menschliche Geist ist eine zweischneidige Waffe. Er hat
gleichzeitig den Himmel und die Hölle auf Erden geschaffen."
„?"

*Vom mit Röhren betriebenen Computergerät ENIAC, der nicht
weniger als 27 Tonnen wog, hat es bis zum Smartphone („das
rund tausendmal schneller arbeitet und zwei Millionen Mal mehr
Speicherplatz besitzt als der Computer, der die amerikanische
Apollo-Rakete samt deren Besatzung zum Mond und wieder zu-
rückbegleitet hat) gerade einmal siebzig Jahre gedauert.*

„Eine dem Menschen weit überlegene Denkmaschine würde sich
daranmachen, den Urgrund allen Seins zu ergründen und das Universum mit Bewusstsein zu fluten".

„Jedenfalls sind im Zeitalter des Internets als globales Kommunikationsmittel Informationen zum wichtigsten Rohstoff geworden."

„Signale, die man aber erst aus dem Rauschen der Umgebung herausfiltern muss?"

„Ich frage mich, ob ich für meine Standortanalyse der Gesundheitswirtschaft auch dieses FOCUS-Heft zu den fünfhundert TOP-Rehakliniken verwenden kann?", fragte Standortbeobachter Torsten Schröder.

„Dabei geht es doch wohl um Ihre Fähigkeit, externe Daten- und Wissenssammlungen mit der eigenen Wissensbasis zu verknüpfen", meinte Consultant Manager Robert Brent.

„Ja schon, vor allem aber bin ich mir nicht sicher, wie vertrauenswürdig die Datenbasis ist, auf die sich der FOCUS bei seinen Empfehlungen der Reha-Kliniken beruft."

„Grundsätzlich entstehen natürlich durch eine bedarfsgerechte, immer wieder neue, Kombination von Daten auch neue Möglichkeiten."

„Sehe ich doch genauso, aber kann denn ein Wirtschaftsmagazin überhaupt grundsätzlich dafür geeignet sein, solche Bewertungsurteile im medizinischen Bereich abzugeben?"

„Natürlich steht und fällt der Wert solcher Reha-Empfehlungen mit der Qualität der Datenbasis."

„Und das sowohl inhaltlich als auch bezüglich der Darstellung."

„?"

Salve, lieber HOLA-Weggefährte,

Nichts ist mehr so wie es war

wenn wir einmal die allgegenwärtige KI fragen würden......

Beschreibe Korrelation und Kausalität zwischen Datenqualität und Informationsqualität

Korrelation und Kausalität zwischen Datenqualität und Informationsqualität sind zentrale Konzepte im Bereich der Datenanalyse und -verarbeitung, die oft miteinander verwechselt werden. Es ist wichtig, beide Begriffe klar zu unterscheiden, um die Beziehung zwischen Datenqualität und Informationsqualität zu verstehen.

Korrelation

Korrelation beschreibt den Zusammenhang zwischen zwei Variablen oder Merkmalen, wobei keine direkte Ursache-Wirkungs-Beziehung impliziert wird. In Bezug auf Datenqualität und Informationsqualität bedeutet dies, dass eine Verbesserung oder Verschlechterung der Datenqualität oft mit einer Veränderung der Informationsqualität einhergeht. Wenn die Daten präziser, konsistenter und vollständiger sind, korreliert dies in der Regel mit einer besseren Informationsqualität. Eine hohe Korrelation könnte darauf hinweisen, dass sie miteinander verbunden sind, aber das bedeutet nicht zwingend, dass die eine die andere direkt verursacht.

Kausalität

Kausalität hingegen impliziert eine Ursache-Wirkungs-Beziehung. Im Kontext von Daten- und Informationsqualität würde dies bedeuten, dass die Qualität der Daten direkt die Qualität der Informationen bestimmt. Gute Datenqualität ist eine Voraussetzung für eine hohe Informationsqualität. Wenn die Daten fehlerhaft oder unvollständig sind, wird die daraus abgeleitete Information ungenau oder irreführend sein. In diesem Sinne ist die Kausalität stärker: Ohne hochwertige Daten ist es kaum möglich, qualitativ hochwertige Informationen zu generieren.

Beispiel

Wenn eine Organisation ungenaue oder veraltete Daten verwendet, wird dies zwangsläufig die Qualität der Berichte und der getroffenen Entscheidungen beeinträchtigen (kausal). Gleichzeitig könnte eine Korrelation bestehen, bei der Änderungen in der Datenqualität tendenziell auch Änderungen in der Informationsqualität widerspiegeln, aber das bedeutet nicht immer, dass schlechte Datenqualität die alleinige Ursache schlechter Informationen ist. Andere Faktoren, wie die Interpretation der Daten, können ebenfalls eine Rolle spielen.

Zusammengefasst: Es besteht eine Korrelation zwischen Datenqualität und Informationsqualität, weil sie oft zusammen variieren. Die Kausalität ist jedoch klarer – schlechte Datenqualität führt zu schlechter Informationsqualität.

KI Ende

Ohne ein Roboter zu sein, könnte man als Mensch vielleicht meinen:

Fiktive Dialoge - ein paar Stunden Intensivcoaching
Denkanstöße
Wissensmanagement
Storytelling
Content
Inspiration
Diskurs
DecisionSupport
Gehirntraining - wenn es gut werden soll
Verstehen lernen
Vernetzt denken
Potenziale ausschöpfen
Komplexität reduzieren
Gestaltbar machen
Wissen transferieren
Proaktiv agieren

Executive Coaching
Denkstudio für strategisches Wissensmanagement

„Wenn Datenqualität und Informationsqualität auseinanderklaffen, versinken wir im Treibsand der Daten."

„Was vor allem für Patienten und Operierte fatal wäre, die auf der Suche nach einer dringend benötigten und deshalb umso mehr geeigneten Reha-Versorgung sind."

„Man könnte sagen: Datenmenge und Gedankenmenge verhalten sich nicht proportional zueinander."

„In meinen Augen kann ein einzelner Mensch unmöglich auch nur einen Bruchteil dieser Informationsflut bewältigen."

„Das heißt, im Ergebnis gibt es für Patienten keine sicheren Orientierungspunkte."

„Deswegen kommt niemand der Betroffenen umhin zu prüfen, wie wichtig, relevant und nützlich die von FOCUS für eine Selektion der besten Reha-Kliniken benutzen Daten wirklich sind."

„Richtig, da hilft eigentlich nur ausblenden, verwerfen und gewichten."

„Überschüssiges ist individuell betrachtet doch nur Informationsmüll."

„Trotz der wohl nur auf den ersten Blick hilfreichen FOCUS-Liste müssen potenzielle Reha-Patienten mit der Mehrdeutigkeit von Informationen leben, die sich nicht sofort und genau eins zu eins einordnen lassen."

Zurück zum Grundsätzlichen: Der politische Wille zu „Bildung für alle" wird vielfach versucht, auf dem Wege einer einheitlichen Verteilung der Abschlüsse (durchzusetzen) zu verwirklichen. Doch um welchen Preis? Die häufige Antwort: um jeden Preis! Was vielerorts bedeutet: um den Preis des Unterrichtsniveaus.

„Die Betonung der von der Schule nunmehr an erster Stelle zu vermittelnden Kompetenzen kann nicht darüber hinwegtäuschen, dass sich dahinter auch ein Weg verbirgt, immer weniger zu verlangen."

„?"

„Von der Schreibschrift über die Rechtschreibung bis hin zum Anfertigen zusammenhängender Texte und Aufsätze."

„Experten stellen sich die Frage, warum alles dieses nicht mehr verlangt wird und geben darauf oft die Antwort."

„?"

„Nicht weil es unsinnig wäre, sondern weil es Mühe macht und vermeintliche exklusive Folgen hat".

Wenn in der Bildung wahlweise mit Begriffen wie beispielsweise Globalisierung, Chancengleichheit, Wissensgesellschaft, sozialer Zusammenhalt, Standortsicherung oder Inklusivität agiert wird, werden Erfolge über Bildungsstatistiken (und nur über sie) nachgewiesen: „X Prozent aller deutschen Schüler haben Frühenglisch, werden gerade medienkompetent gemacht oder lernen Präsentiertechniken, erwerben die Hochschulreife – auch wenn völlig unklar ist, ob das im Einzelfall etwas Bestimmtes bedeutet.

„Im Denken vieler fest verankert: die Schule entscheidet über Lebenserfolg und Schichtplatzierung."

„Ja, der Konkurrenzkampf um Gymnasialempfehlungen für Kinder wird härter."

„Wenn auch für Bildung der Erwerb von Zertifikaten an oberster Stelle steht, können Folgen nicht ausbleiben."

„?"

„Dass man beispielsweise in Unternehmen, Verwaltungen, Hochschulen immer weniger auf Abschlusszeugnisse gibt."
„Gleichzeitig werden an Schulen aber die Forderung herangetragen, sie sollten alles richten: das Familienleben selbst soll von Hausaufgaben und anderen Bildungsaufgaben weitgehend entlastet sein."

„?"

Das Streben nach Abschlüssen lässt manchmal den Eindruck von rücksichtloser Konkurrenz entstehen. Manche (viele) Experten sehen Gefahren von Aufstiegs- und Gerechtigkeitsidealen darin, dass vielleicht gerade sie einen Übergang zu mehr sozialer Ungleichheit bewirken könnten. Und die Lernenden die Leidtragenden von immer mehr Investieren in Bildung sein könnten: Ballett, Selbstverteidigung, Cello, Malschule, Sprachurlaub und, und,

„Zur Qualitätsmessung im Rehaportal Qualitätskliniken.de werden, so wird gesagt, bis zu 100 Qualitätsindikatoren herangezogen", sagte Blogger Hannes Nader.
„Und welche sind das?", fragte Mister Knie.
„Die erste Gruppe von Qualitätsindikatoren wird im Cluster „Behandlungsqualität" gebündelt."
„Was soll mir das sagen?"
„Auf dieser Webseite soll die Behandlungsqualität den durch Patienten bewerteten individuellen Behandlungserfolg angeben."
„Und woher kommen diese Informationen?"
„Aus Daten von Patientenbefragungen."
„Aber auch die muss ja jemand erst durchgeführt haben."

„Ja sicher, in diesem Fall sollen sie aus den Qualitätssicherungs-verfahren der Kranken- und Rentenversicherungen stammen."
„Zumindest scheinen mir solche Daten belastbarer zu sein als vieles andere, was man sonst so zu lesen bekommt. Welches Gewicht haben denn diese Daten für die Gesamtbewertung von Rehakliniken?"
„Der Gewichtungsfaktor beträgt für Qualitätsvergleiche auf dieser Webseite 25 Prozent."

Salve, lieber HOLA-Weggefährte,
Nichts ist mehr so wie es war

wenn wir einmal die allgegenwärtige KI fragen würden......

Auf welches Bildungserlebnis müssen wir uns in KI-Zeiten einstellen?

In Zeiten der Künstlichen Intelligenz (KI) verändert sich das Bildungserlebnis auf mehreren Ebenen. Ein Expertengespräch könnte folgende Kernpunkte umfassen:

1. Personalisierung des Lernens

KI ermöglicht es, Lerninhalte individuell auf den Lernenden zuzuschneiden. Lernplattformen analysieren Daten und passen den Schwierigkeitsgrad und das Lerntempo an, um personalisierte Bildungswege zu schaffen. Das bedeutet, dass Schüler nicht mehr in einheitlichen Klassen lernen, sondern gezielt ihre Schwächen und Stärken gefördert werden.

2. Lebenslanges Lernen

Durch die dynamische Entwicklung von KI und Technologien müssen Menschen sich kontinuierlich weiterbilden. Das klassische Modell der Bildung mit Schule, Studium und einem Beruf verliert an Bedeutung. Vielmehr wird eine ständige Weiterbildung erwartet, um mit den Veränderungen Schritt zu halten.

3. Fokus auf kreative und soziale Fähigkeiten

KI übernimmt zunehmend repetitive und datenintensive Aufgaben. Das Bildungssystem muss daher stärker auf die Förderung von kreativen, kritischen und sozialen Kompetenzen setzen, da diese Fähigkeiten weniger leicht automatisierbar sind.

4. Technologische Kompetenz als Grundfertigkeit

Grundlegende Kenntnisse in Programmierung, Datenanalyse und Umgang mit KI-Systemen werden zur Grundvoraussetzung in vielen Berufen. Es wird notwendig, dass Bildungseinrichtungen verstärkt digitale Kompetenzen vermitteln, um die Schüler auf die Arbeitswelt vorzubereiten.

5. Ethische Fragen und kritisches Denken

Da KI in vielen Bereichen eingesetzt wird, rückt die Frage nach der Ethik immer mehr in den Vordergrund. Schüler müssen lernen, KI-Systeme nicht nur zu nutzen, sondern auch kritisch zu hinterfragen. Die Vermittlung von ethischen Grundsätzen im Umgang mit KI wird eine wichtige Rolle spielen.

6. Veränderte Lehrerrolle

Lehrer werden zunehmend als Lernbegleiter agieren, die Schüler im Umgang mit Technologie anleiten. Ihre Rolle verschiebt sich vom Wissensvermittler hin zum Coach, der Lernprozesse steuert und unterstützt, während KI-basierte Systeme Routineaufgaben wie das Überprüfen von Hausaufgaben übernehmen.

Diese Entwicklungen erfordern eine Anpassung von Lehrplä-nen, eine Neubewertung der Lehrerfortbildung und eine infra-strukturelle Modernisierung von Schulen und Hochschulen, um auf die technologischen Herausforderungen vorbereitet zu sein.

KI Ende

Ohne ein Roboter zu sein, könnte man als Mensch viel-leicht meinen:

Fiktive Dialoge - ein paar Stunden Intensivcoaching
Denkanstöße
Wissensmanagement
Storytelling
Content
Inspiration
Diskurs

DecisionSupport
Gehirntraining - wenn es gut werden soll
Verstehen lernen
Vernetzt denken
Potenziale ausschöpfen
Komplexität reduzieren
Gestaltbar machen
Wissen transferieren
Proaktiv agieren

Executive Coaching
Denkstudio für strategisches Wissensmanagement

„Es ist nun einmal so, wie es ist: d.h. es wäre zu hinterfragen, auf welches „Bildungserlebnis" man sich heute einstellen muss."
„Ja, was früher als Aufnahme von Wissen in Hörsälen stattfand, wird heute manchmal in Lernphasen vor dem Computer verlegt."
„?"
„So gehören heute auch onlinegestützte Bildungsangebote zur Wissensvermittlung dazu."
„?"

Online-Formate konkurrieren mit Lehrbüchern und Skripten. Das Modell eines lehrenden Professors in Anfängervorlesungen mit mehreren hundert Studenten scheint überholt. Die scheinbar unbegrenzte Verfügbarkeit von Informationen auf jeglicher Art

*von Geräten überspült schlichtweg bisherige Barrieren von soge-
nanntem Herrschaftswissen. Die Anonymität der Masse wird von
Lernplattformen mit individualisierten Angeboten ersetzt.*

„Akademische Lehre wird damit aber nicht überflüssig?"
„Im Gegenteil: gefragt sind mehr denn je Erklärer, Moderatoren,
Motivatoren und Tutoren."
„Also Lehrende, die Zusammenhänge, Sinn und Vernetzungen
zielgruppenadäquat vermitteln können?"

*Wie werden Rehakliniken auch mit einer Standortana-
lyse erfasst?*

Rehakliniken werden in einer Standortanalyse oft nach verschiedenen Kriterien bewertet, um die Eignung eines Standorts für
den Bau oder Betrieb einer Klinik zu prüfen. Diese Standortanalysen berücksichtigen sowohl medizinische, infrastrukturelle als
auch wirtschaftliche Faktoren. Hier sind einige wichtige Aspekte, die typischerweise in eine Standortanalyse einfließen:

1. Demografische Analyse

- **Bevölkerungsstruktur**: Altersgruppen, die typischerweise Reha-Maßnahmen in Anspruch nehmen, wie Seni-
  oren oder Menschen mit chronischen Erkrankungen.
- **Gesundheitsbedarf**: Regionale Häufigkeit von Krankheiten, die eine Rehabilitationsbehandlung erfordern,
  wie Herz-Kreislauf-Erkrankungen, orthopädische Probleme usw.

2. Infrastruktur und Erreichbarkeit

- **Verkehrsanbindung**: Gute Anbindung an öffentliche Verkehrsmittel, Autobahnen und Flughäfen ist entscheidend, um die Klinik für Patienten und Fachpersonal gut erreichbar zu machen.
- **Nähe zu anderen medizinischen Einrichtungen**: Standorte in der Nähe von Krankenhäusern oder Fachärzten ermöglichen eine nahtlose Überweisung und Kooperation.
- **Logistische Versorgung**: Zugang zu Dienstleistern, Lieferanten für medizinische Geräte und alltägliche Versorgung.

3. Wettbewerbsanalyse

- **Anzahl und Lage von bestehenden Rehakliniken**: In der Umgebung ansässige Kliniken können Konkurrenz darstellen. Eine Standortanalyse prüft, ob es bereits eine Übersättigung an Rehakliniken in der Region gibt oder ob Bedarf besteht.
- **Spezialisierungen**: Es wird geprüft, welche Fachrichtungen andere Rehakliniken abdecken, um herauszufinden, ob eine Nische existiert, die bedient werden könnte.

4. Natürliche und umweltbedingte Faktoren

- **Landschaft und Klima**: Viele Rehakliniken profitieren von einer Lage in naturnahen oder landschaftlich attraktiven Regionen, da dies zur Erholung beiträgt (z.B. Kurorte, Heilbäder).

- **Luftqualität und Lärmbelastung**: Diese spielen eine Rolle bei der Wahl des Standorts, da sie die Genesung der Patienten unterstützen können.

5. Wirtschaftliche Faktoren

- **Kosten**: Die Analyse umfasst auch die Grundstückskosten, Baukosten und die allgemeinen Lebenshaltungskosten der Region.
- **Förderprogramme**: Manche Regionen bieten finanzielle Anreize oder Förderprogramme für den Bau von Gesundheitseinrichtungen.

6. Arbeitsmarkt

- **Verfügbarkeit von qualifiziertem Personal**: Ein Standort muss Zugang zu ausreichend medizinischem Fachpersonal (Ärzte, Pflegepersonal, Therapeuten) bieten.
- **Attraktivität für Fachkräfte**: Regionen, die Fachkräften ein gutes Lebensumfeld bieten, werden bevorzugt.

Solche umfassenden Standortanalysen helfen den Trägern von Rehakliniken, einen Standort zu finden, der sowohl medizinisch sinnvoll als auch wirtschaftlich tragfähig ist.

KI Ende

Ohne ein Roboter zu sein, könnte man als Mensch vielleicht meinen:

Fiktive Dialoge - ein paar Stunden Intensivcoaching
Denkanstöße
Wissensmanagement
Storytelling
Content
Inspiration
Diskurs
DecisionSupport
Gehirntraining - wenn es gut werden soll
Verstehen lernen
Vernetzt denken
Potenziale ausschöpfen
Komplexität reduzieren
Gestaltbar machen
Wissen transferieren
Proaktiv agieren

Executive Coaching
Denkstudio für strategisches Wissensmanagement

„Dynamik-, Bestands- oder Niveau-Ranking der Standorte: irgendwo in diesem schier unendlichen Datenlabyrinth befinden sich mehr oder weniger verborgen, in jedem Fall aber wahrscheinlich nur bruchstückhaft und schemenhaft auch gesundheitsbezogene Daten und Kennziffern", meinte Standortbeobachter Torsten Schröder.
„Auch solche zu Reha-Kliniken?", fragte Gesundheitsmanager Bodo Helmholz.

„Ganz sicher, selbst zu einzelnen Segmenten, wie beispielsweise für Reha-Kliniken, die sich auf orthopädische Leistungen wie die Anschlussbehandlung nach einer Knie-TEP spezialisiert haben."
„Man könnte also wie in einer Bergwerksmine nach solchen Daten schürfen?"
„Auf jeden Fall.".

Gute Standortanalysen kann man ja gerade daran erkennen, dass sie solche Daten für Auswertungen nutzbar machen."
„Aber man muss sie dabei auch selektieren, zusammenfassen, zuordnen und gewichten."
„Selbstverständlich, genau deshalb muss man darauf schauen, auf welcher Datenbasis beispielsweise so weit verbreitete Besten-Listen wie jene von FOCUS publizierten aufgebaut sind."
„Wir sprechen jetzt also von jenen von FOCUS gekürten fünfhundert besten Rehakliniken Deutschlands?"
„Ja, zu denen FOCUS aufgrund einer positiven Bewertung über vierhundert zählt, die das FOCUS-Gesundheitssiegel einer TOP-Reha-Klinik für ihre Patientenwerbung verwenden dürfen."
„Sind das denn die, die für dieses Siegel vielleicht einen Betrag X an FOCUS überweisen mussten?"
„Habe ich auch schon davon gehört, sollten wir vielleicht noch einmal später darauf zurückkommen."
„Gut, konzentrieren wir uns erst einmal auf die Daten- und Methodenqualität."
„Nach Angaben von FOCUS hat man die Bewertungsindikatoren in vier Clustern gebündelt."
„Welche genau wurden hierfür vorgesehen?"

„Erstens alle Indikatoren, die zum Bereich Medizin gezählt werden."

„Also?"

„Therapieangebot, Hygienestandard und ob nachts ein Arzt vor Ort ist."

„Wobei letzterer Indikator im Vergleich zum Therapieangebot zumindest für den Bereich Knie-TEP vielleicht doch nicht das gleiche Gewicht hat?"

„Die Gewichtung ist grundsätzlich für jede Standortanalyse und damit auch für viele Facetten von dieser oft eine der offenen, das heißt auch unbeantworteten Fragen."

„Wie auch zwischen dem Angebot von Therapien und der tatsächlichen Umsetzung im Alltag der Reha-Praxis manchmal Welten liegen können."

„Und zweitens?"

„Was zweitens?"

„Na, der zweite Cluster aus gebündelten Bewertungsindikatoren."

„Ach so, die Hygiene."

„Und mit welchen Indikatoren?"

„Zum Beispiel Beteiligung an der Aktion für saubere Hände."

„In meinen Augen mehr oder weniger nur eine Selbstverständlichkeit."

„Das heißt, im Vergleich zum Cluster „Medizin" für eine Auswahl der Besten deutlich niedriger zu gewichten."

„Also schon wieder das Thema Gewichtung!"

„Das uns wohl über die ganze Strecke zur Auswahl einer geeigneten Reha-Klinik begleiten wird."

„Und drittens?"

„Im dritten Cluster der Strukturqualität wollten die FOCUS-Leute angeben, wie die Kliniken im Vergleich von Deutscher Rentenversicherung und Spitzenverband der GKV in Bezug auf ihre bauliche, technische und personelle Ausstattung abschneiden."

„Und was ist mit dem Spitzenverband der PKV?"

„Wird jedenfalls nicht erwähnt. Vielleicht glaubt man, die würden ohnehin alles unbesehen bezahlen."

„Und viertens?"

„Hier wird unter dem Indikatorcluster Ausstattung aufgeführt, wie groß die Kapazität der Klinik ist und ob es Ein- oder Mehrbettzimmer gibt."

„Das ist schon alles?"

„Außerdem wird abgefragt, wer die Reha-Kosten trägt und ob es erlaubt ist, eine Begleitperson mitzubringen."

„Das sind für den Bereich Knie-TEP doch allerhöchstens indirekte Hinweise auf die Qualität eines Reha-Prozesses."

„Ganz Ihrer Meinung. Wenn ich mir die vier von FOCUS herausgehobenen Cluster genauer betrachte, scheint mir das Ganze, zumal auch noch ungewichtet, ziemlich konstruiert zu sein."

„Vielleicht, um solche Besten-Listen mit einem wissenschaftlichen Anstrich besser vermarkten zu können?"

„Völlig ausschließen lässt sich das nach diesem Kenntnisstand jeweils nicht."

Salve, lieber HOLA-Weggefährte,

Nichts ist mehr so wie es war

wenn wir einmal die allgegenwärtige KI fragen würden......

Erkennt maschinelles Lernen Muster und Korrelationen, die bei der Prognose nützlich sind und ansonsten unerkannt geblieben wären? Zeige ein Beispiel!

Ja, maschinelles Lernen ist besonders gut darin, Muster und Korrelationen in großen Datensätzen zu erkennen, die für Menschen schwer oder gar nicht ersichtlich wären. Diese Muster können dann für Vorhersagen oder Klassifikationen genutzt werden.

Ein klassisches Beispiel sind **Kreditwürdigkeitsvorhersagen** in der Bankenwelt:

Beispiel: Kreditwürdigkeitsprüfung

- **Datensatz**: Eine Bank verfügt über Daten von tausenden Kreditnehmern, darunter Informationen wie Alter, Einkommen, Beschäftigungsdauer, Kreditbetrag, bisherige Rückzahlungsverläufe usw. Es gibt auch eine Spalte, die angibt, ob der Kreditnehmer seine Schulden beglichen hat oder nicht.

- **Manuelle Analyse**: Ein Mensch könnte einfache Muster erkennen, wie z.b. "Menschen mit hohem Einkommen haben eine höhere Rückzahlungsrate." Aber oft sind die Zusammenhänge komplexer und beinhalten mehrere Faktoren, wie Alter, Beschäftigungsdauer, Höhe des Kredits im Verhältnis zum Einkommen usw.
- **Maschinelles Lernen**: Ein maschinelles Lernmodell (z.b. ein Entscheidungsbaum oder neuronales Netz) kann all diese Faktoren gleichzeitig analysieren und komplexe Beziehungen erkennen, die auf den ersten Blick nicht offensichtlich sind. Zum Beispiel könnte es herausfinden, dass:
  - o Menschen im Alter von 35-45, die mindestens fünf Jahre in ihrem aktuellen Job gearbeitet haben und einen Kredit von weniger als 20% ihres Jahreseinkommens aufnehmen, mit 95% Wahrscheinlichkeit ihren Kredit zurückzahlen.
  - o Ein bestimmter Risikofaktor, wie z.b. häufige Adresswechsel in kurzer Zeit, stark mit Zahlungsausfällen korreliert, was Menschen möglicherweise übersehen würden.

Unerkannte Muster

Die Maschine könnte Muster entdecken, die menschlichen Analysten entgangen wären, wie etwa die Korrelation zwischen der Art des Kreditkartenverbrauchs und dem Risiko eines Zahlungsausfalls. Solche Zusammenhänge könnten dann für Prognosen verwendet werden, um bessere Entscheidungen zu treffen.

Maschinelles Lernen hilft somit, Muster zu erkennen, die in riesigen Datensätzen versteckt sind, und liefert wertvolle Prognosen, die bei manueller Analyse nicht offensichtlich wären.

KI Ende

Ohne ein Roboter zu sein, könnte man als Mensch vielleicht meinen:

Fiktive Dialoge - ein paar Stunden Intensivcoaching
Denkanstöße
Wissensmanagement
Storytelling
Content
Inspiration
Diskurs
DecisionSupport
Gehirntraining - wenn es gut werden soll
Verstehen lernen
Vernetzt denken
Potenziale ausschöpfen
Komplexität reduzieren
Gestaltbar machen
Wissen transferieren
Proaktiv agieren

Executive Coaching
Denkstudio für strategisches Wissensmanagement

Mehr vom allgemein Grundsätzlichen: Sind die von Betriebs-wirtschaftlern entwickelten Lösungsmodelle immer realitäts-gerecht? Manche meinen: Nein!, andere sagen: So nicht!. „Ökonomen haben für fast jedes Phänomen ein passendes Modell – auch für das Gegenteil" Aber wie nah sind sie an der Wirklichkeit? An einem Mangel an Daten kann es eigentlich nicht liegen. Denn mittlerweile gibt es mehr ökonomische Daten, als man sich noch vor gerade einmal zehn Jahren überhaupt vorstellen konnte. Und die Ära eines Datenüberflusses steht erst am Anfang.

„Beispielsweise die unzähligen Daten zu Entscheidungen und Verhaltensspuren, die Stunde für Stunde, Tag für Tag in sozialen Netzwerken und Märkten hinterlassen werden."
„Es geht also nicht so sehr um schiere Menge, sondern mehr um Relevanz?"

Den Sinn für relevante Details zu schärfen erfordert eine Zusammenarbeit über die Grenzen der reinen Betriebs-wirtschaft hinweg. Bei Amazon, Google & Co. sind ganze aus verschiedenen Disziplinen zusammen gesetzte Abteilungen damit beschäftigt, Verhaltensprognosen in (ungeahnter) Präzision zu erstellen, neue Preisstrategien zu testen, informationsbasierte Plattformen zu designen.

„Zwar erkennt maschinelles Lernen Muster und Korrelationen, die bei der Prognose nützlich sind und ansonsten unerkannt geblieben wären."

„?"

„Doch den Einfluss von unternehmerischer Innovation oder politischer Intervention kann man auch damit nicht umfassend erfassen."

„?"

„Man kann ja nicht erlernen oder beurteilen, was es noch gar nicht gibt."

„ Ökonomische Modelle erlauben eine Interpretation der Daten also immer nur in ihrem jeweiligen Kontext?"

„Ja, und liefern so Hypothesen über Kausalzusammenhänge."

„?"

„Es geht um das enge Zusammenspiel von Experiment, Modell und Prognose."

„?"

Bei einem Realitätscheck wühlen sich Analysten aus verschiedenen Disziplinen durch immer größere Datenberge, tauchen tief ein in die Komplexität realer Problemlagen und versuchen, zahllose Puzzleteile zu immer detailreicheren Bildern der Wirtschaft zusammenzufügen.

„Weiter werden auf dieser Webseite zur Vermessung der Qualität von Rehakliniken bestimmte Indikatoren zu einem Cluster „Patientensicherheit" gebündelt", sagt Blogger Hannes Nader.

„Womit die dann was meinen?", fragt Mister Knie.

„Unter Patientensicherheit werden Aspekte wie Hygiene oder Vorbeugung für den Patienten gefährlicher Ereignisse (Stürze, Druckgeschwüre) oder auch der sichere Umgang mit Arzneimitteln verstanden."

„Und worauf basieren diese Informationen?"

„Die Kliniken erheben diese Angaben anhand einer von Qualitätskliniken.de-Fachexperten erarbeiteten Anforderungsliste."

„Da können die also reinschreiben, was sie wollen?"

„Ganz so ist es nun ja auch nicht."

„Sondern?"

„Der Betreiber der Webseite führt angeblich zur Überprüfung der Korrektheit der Angaben stichprobenartig Kontrollen bei den Kliniken vor Ort durch."

„Das wäre ja zur Absicherung der Datenbasis immerhin etwas. Über solche vor-Ort-Kontrollen ist mir jedenfalls von keinem dieser Anbieter von Gütesiegeln etwas bekannt. Ich kann mir auch nicht vorstellen, dass in meiner Reha-Klinik jemals ein Zuständiger für die Verteilung von „TOP"-Siegeln persönlich anwesend war."

Salve, lieber HOLA-Weggefährte,

Nichts ist mehr so wie es war

wenn wir einmal die allgegenwärtige KI fragen würden......

Können mir bei der Suche nach der besten Rehaklinik auch Modelle in betriebswirtschaftlichen Lehrbüchern helfen?

Ja, betriebswirtschaftliche Modelle können bei der Suche nach der besten Rehaklinik durchaus hilfreich sein. Einige relevante Ansätze aus der Betriebswirtschaftslehre sind:

1. **SWOT-Analyse (Stärken, Schwächen, Chancen, Risiken)**: Mit dieser Methode kannst du verschiedene Kliniken vergleichen, indem du ihre internen Stärken und Schwächen sowie externe Chancen und Risiken analysierst. Dies könnte beispielsweise die Qualität der medizinischen Versorgung, die Lage der Klinik oder ihre finanzielle Stabilität umfassen.
2. **Kosten-Nutzen-Analyse**: Diese Analyse könnte dir helfen, die finanziellen Aspekte einer Klinikentscheidung zu bewerten. Du kannst die Kosten für die Reha (z.B. Eigenbeteiligung, zusätzliche Leistungen) den potenziellen gesundheitlichen Vorteilen gegenüberstellen.
3. **Kundenzufriedenheit und Qualitätsmanagement**: Modelle aus dem Bereich des Qualitätsmanagements, wie das **EFQM-Modell** (European Foundation for Quality Management), können zur Bewertung der Dienstleistungsqualität einer Klinik dienen. Auch Kennzahlen wie

Kundenzufriedenheits-Indizes könnten Hinweise geben.

4. **Benchmarking**: Dabei vergleichst du verschiedene Rehakliniken anhand von Leistungskennzahlen (z.b. Behandlungserfolge, Patientenzufriedenheit, Ausstattung). Diese Methode hilft, die Klinik zu finden, die im Vergleich zu anderen am besten abschneidet.

5. **Porter's Five Forces (Fünf-Kräfte-Modell)**: Obwohl dieses Modell hauptsächlich zur Analyse von Märkten verwendet wird, könntest du es nutzen, um den Wettbewerb unter den Rehakliniken zu verstehen und herauszufinden, welche Klinik im Markt besonders gut positioniert ist.

6. **Ressourcenbasierter Ansatz**: Dieser Ansatz fokussiert sich auf die einzigartigen Ressourcen und Kompetenzen, die eine Klinik auszeichnen, wie spezialisierte Fachärzte, modernste Technologien oder besondere Therapieangebote.

Diese betriebswirtschaftlichen Modelle bieten dir strukturierte Rahmenbedingungen, um fundierte Entscheidungen bei der Auswahl einer Rehaklinik zu treffen.

KI Ende

Ohne ein Roboter zu sein, könnte man als Mensch vielleicht meinen:

Fiktive Dialoge - ein paar Stunden Intensivcoaching

Denkanstöße
Wissensmanagement
Storytelling
Content
Inspiration
Diskurs
DecisionSupport
Gehirntraining - wenn es gut werden soll
Verstehen lernen
Vernetzt denken
Potenziale ausschöpfen
Komplexität reduzieren
Gestaltbar machen
Wissen transferieren
Proaktiv agieren

Executive Coaching
Denkstudio für strategisches Wissensmanagement

Betriebswirtschaftlichen Lehrbüchern wird von verschiedener Seite als Mangel angekreidet, sie seien zu abstrakt, zu abgehoben von der realen Welt und würden die Erklärungen zur Wirtschaft zu wenig in den geschichtlichen und politischen Kontext einbinden (Fehlen der historischen Dimension). Nicht so sehr die Grenzproduktivität der verschiedenen Faktoren Arbeit und Kapital würde darüber entscheiden, wie der Kuchen verteilt wird, sondern vielmehr Machtfragen und Verhandlungsstärke.

Die bereits von Adam Smith vor langer Zeit unterstellte unsicht-
bare Hand des Marktes, gäbe es in dieser Form so nicht. Be-
triebswirtschaftler versuchen solchen Vorwürfen u.a. mit Ansät-
zen der Spieltheorie zur Bewältigung konfliktreicher Situationen
gerecht zu werden. Ein Professor als ehemaliger kurzzeitiger
griechischer Finanzminister erntete damit allerdings aus dem po-
litischen Lager eher Häme.

„Im Beruf Erfolg zu haben heißt immer auch, eigene Verantwor-
tung für seinen Wissensstand zu tragen."
„Im Wissenserwerb und Wissenstransfer erlangte Kenntnisse und
Fähigkeiten müssen möglichst aber zeitnah an Entwicklungen
und technischen Fortschritt angepasst werden."
„Lernen ist aber mehr als berufliches Wissen zu aktualisieren."
„?"
„Lernen sollte die gesamte Wissensbilanz einer Person erweitern
und verbreitern."
„Für den Lernerfolg ist aber auch ein geeignetes Lernumfeld
wichtig und notwendig."
„Zeitliche und räumliche Flexibilität schaffen Möglichkeits-
räume, das Lernen stärker selbst zu organisieren und steuern."
„?"

Zu solchen Organisationsformen des Lernens zählen u.a. Veran-
staltungen, Messen, Bildungsreisen, Fachbücher, Fachzeitschrif-
ten, E-Learning oder Fernunterricht. Gelernt wird, wo und wann
es dem Lernenden am besten passt.

„Berufliche Weiterbildung ist vor diesem Hintergrund dadurch gekennzeichnet, dass jeder die Verantwortung für die Anpassung seines Wissens an den Arbeitsmarkt selbst übernimmt."

„Und somit auch das Lernen im Selbstmanagement ausübt?"

„Da Fernunterricht auf Distanz erfolgt, Lernende und Trainer sich nicht im selben Raum, Ort oder sogar Land befinden, ist Disziplin und Eigenmotivation gefordert."

„Der Gewinn für den Lernenden: er kann sich alle Lerninhalte flexibel und zeitlich unabhängig beibringen."

„Für meine Standortanalysen sind oft auch Probleme zu lösen, wenn es darum geht, etwas zu bewerten, das man nicht mit dem Millimetermaß eines Kämmerers angehen kann", erklärte Standortbeobachter Torsten Schröder.

„Das heißt, nicht alles was gemessen wird, muss deshalb auch von Bedeutung sein?", fragte Gesundheitsmanager Bodo Helmholz.

„So ist es. Und nicht alles was wichtig ist, muss deshalb auch zu messen sein."

„Es geht also um eine Bewertung des Unbewertbaren?"

„Ja, wobei wir wieder bei dieser FOCUS-Liste der TOP-Rehakliniken Deutschlands angelangt wären."

„Worauf sollten wir denn jetzt schauen?"

„Auf die von FOCUS und deren beauftragter Mediaagentur verwendeten Methoden."

„Als da wären?"

„Erstens eigene Recherchen."

„In welcher Form?"

„Daten-Redakteure überprüfen, welche Therapien angeboten werden. Reha-Kliniken mit überdurchschnittlich breitem Angebot sind in der Liste entsprechend gekennzeichnet."

„Das heißt, man verlässt sich ausschließlich auf Selbstauskünfte der Kliniken? Die können doch viel erzählen."

„Ja, eine Inaugenscheinnahme vor Ort scheint es wohl grundsätzlich nicht zu geben,"

„Wäre ja auch wohl mit zu großem Aufwand verbunden."

„Einmal das. Und zum anderen glaube ich, dass die kaum die fachlichen und personellen Voraussetzungen hätten, um über dreitausend Reha-Kliniken in Deutschland einmal face-to-face aufzusuchen."

„Und die Frage bleibt, ob man Externen überhaupt direkt vor Ort einen Einblick geben möchte."

„Und als zweite Analysemethode?"

„Werden Interviewbogen verwendet."

„Die wie aussehen?"

„In einem Online-Fragebogen können die Kliniken Angaben zu Qualitätssicherung, Hygiene und Serviceangebot machen."

„Wobei in vielen Fällen vielleicht nur Angaben aus dem Hausprospekt übernommen werden?"

„Und welches wäre die dritte Analysemethode?"

„Qualitätsberichte, unter anderem zu Versorgungsschwerpunkten und Personalstärke."

„Also auch wieder nur eine indirekte Messmethode ohne externe Überprüfung?"

„Ja aber immerhin doch etwas, auf dem man aufbauen kann."

„Wobei allerdings nicht einmal alle der Besten auf der FOCUS-Liste einen solchen Qualitätsbericht vorgelegt haben."

„Ist mir persönlich auch unverständlich. Und ich frage mich, auf welche Weise das Recherche-Team Schlüsse auf die medizinische Qualität solcher Kliniken gezogen haben will."

„Also Rückschlüsse anhand von Unterlagen, die ihnen nach eigenen Angaben überhaupt nicht vorgelegen haben?"

„Auch fehlt mir hier die Vergleichbarkeit von Qualitätsberichten hinsichtlich Struktur, Inhalt und Umfang."

„Also alles in allem?"

„Bleiben wohl noch viele Fragen offen."